Dr. Samuel Pagán

¿QUIÉN ES DIOS EN EL ANTIGUO TESTAMENTO?

Creador, libertador y salvador

Dr. Samuel Pagán

¿QUIÉN ES DIOS EN EL ANTIGUO TESTAMENTO?

Creador, libertador y salvador

PATMOS

¿Quién es Dios en el Antiguo Testamento?

Publicado por Editorial Patmos,
Miami, FL. 33169

Las citas bíblicas marcadas «SP» han sido traducidas por el autor a partir de las lenguas originales.

Editado por Grupo Scribere

Diseño de portada e interior por Adrián Romano

ISBN: 978-1-64691-094-6

Categoría: Teología

Impreso en Brasil | *Printed in Brazil*

Dedicatoria

Dedico este nuevo libro, *¿Quién es Dios en el Antiguo Testamento?: Creador, libertador y salvador*, a mis estudiantes, hermanos y hermanas y amigos y amigas en la pequeña ciudad de Belén; y a los miles de peregrinos, pastores y pastoras y personas laicas que me acompañan anualmente a la Tierra Santa a estudiar las Sagradas Escrituras, en los lugares donde se escribió la Biblia y se presentó el mensaje transformador de los profetas y Jesús de Nazaret.

Y a mis hermanos y hermanas, Iris, Daniel, Eunice y David, con quienes crecí y aprendí en nuestro hogar el fundamento de las enseñanzas que hoy comparto con la iglesia, la academia y la comunidad en general.

Muchas gracias, muchas veces…

CONTENIDO

PRESENTACIÓN

En muchos países de la órbita hispano hablante existe la expresión «los pájaros tirándoles a las escopetas» con la que se quiere indicar la absurda inversión de los papeles que a veces tiene lugar en medio de situaciones desconcertantes que rozan ya con lo descabellado. Pues bien, esa es la sensación que me invade al hacer la presentación a uno de los libros del doctor Samuel Pagán. Me siento como «los pájaros tirándoles a las escopetas».

En realidad, hubiera declinado este privilegio dejándoselo a alguien más capacitado, si no fuera porque me sentía en deuda con mi amigo, el doctor Pagán, quien había accedido a redactar el prólogo a mi último libro, *Creer y razonar*. Así que, he tenido que asumir esta honra, pero aclarando que lo hago desde la perspectiva de un lector agradecido hacia el autor que lo ha nutrido con sus constructivos escritos, contribuyendo a afianzar y consolidar mi fe de una manera mucho más ilustrada y documentada.

De hecho, el doctor Pagán no necesita presentación. Es un pastor, escritor, conferencista, teólogo y biblista muy prolífico, ampliamente conocido y reconocido en el medio eclesiástico, no solo de habla hispana, sino también en otros contextos culturales diferentes en los que también es muy respetado. Su don de gentes, su sencillez, calidez y cercanía cuando se le llega a conocer personalmente, está muy lejos del estereotipo distante del erudito sumergido en la academia, el nuevo claustro desde el que los eruditos observan, examinan e interpretan el mundo desde el resguardo de su torre de marfil.

El doctor Pagán, sin dejar de ser un erudito, es antes que nada un pastor y maestro que disfruta del contacto con sus hermanos en la fe en la iglesia y que no busca impresionar ni descrestar a sus oyentes en el diálogo cotidiano con su sapiencia y conocimiento. Me atrevería a sugerir que él evita conscientemente cualquier despliegue exhibicionista y ostentoso de erudición que no sea estrictamente necesario en sus tratos interpersonales, procurando descender de forma muy empática al nivel de conocimiento de su interlocutor para conducirlo desde allí, con sutileza, amenidad y de forma casi inadvertida, a niveles superiores de aprendizaje. La erudición explícita prefiere dejarla para sus libros.

Tanto así que todos sus libros —sin que este sea la excepción— son en mayor o menor grado, escritos académicos, como lo demuestra la profusión de notas de pie de página, con abundancia de referencias bibliográficas especializadas y observaciones profundas y muy bien documentadas que estimulan al estudioso y lo orienta de forma muy lúcida en el propósito de adentrarse más a fondo y de manera segura en los temas considerados. Pero, incluso en sus libros, como podrá comprobarlo el lector en este excelente botón de muestra, logra mantener un nivel muy divulgativo, asequible al lector promedio no iniciado en estos temas, de tal modo que, si así se desea, se pueden omitir sin problema todas las notas de pie de página sin que por ello se pierda el hilo o se generen vacíos en el seguimiento a sus ideas, que se da de manera muy natural y fácil, como llevados de la mano, sin especiales dificultades para obtener una comprensión satisfactoria y bien fundamentada de los tópicos abordados.

En relación con el tema de este libro, su contenido es muy oportuno y necesario para una iglesia que amenaza con caer todo el tiempo en nuevas formas de marcionismo, herejía de los primeros siglos del cristianismo que debe su nombre a Marción, quien hablaba de dos dioses diferentes: el dios presuntamente inferior del Antiguo Testamento: caprichoso, vengativo, cruel y excesivamente severo; y el Dios verdadero del Nuevo Testamento: el Dios bondadoso y de amor, Padre de nuestro Señor Jesucristo. De hecho, la Biblia de Marción no tenía Antiguo Testamento —lo había eliminado de un solo tijeretazo— y el Nuevo Testamento era mucho más reducido que el nuestro, pues únicamente contenía el Evangelio de Lucas y las epístolas de Pablo. Una herejía que no se limita al pasado, pues hoy por hoy es posible encontrar a muchos cristianos que se deleitan en la lectura del Nuevo Testamento, pero más bien poco en la del Antiguo. Y no propiamente debido a su mayor antigüedad, extensión o dificultad, sino que, al igual que Marción, están llenos de prejuicios que no les permiten apreciar la revelación de Dios en el Antiguo Testamento en toda su amplitud, riqueza y profundidad.

Por lo anterior y aun sin proponérselo expresamente, este libro puede tener utilidad apologética a la hora de defender la fe cristiana de quienes, como los llamados «nuevos ateos» con el mediático Richard Dawkins a la cabeza, la atacan enfocando sus baterías justamente contra el Dios del Antiguo Testamento, como lo admite sin ambages el propio Dawkins al lanzar contra Él la siguiente diatriba, producto, precisamente, de su ignorancia acerca de la revelación del carácter de Dios que se da en el Antiguo Testamento, en lo que podría muy bien ser una versión secular del marcionismo: «El Dios del Antiguo Testamento es posiblemente el personaje más molesto de toda la ficción: celoso y orgulloso de serlo; un mezquino, injusto e implacable monstruo; un ser vengativo, sediento de sangre y limpiador étnico; un misógino, homófobo, racista, infanticida. Genocida, filicida, pestilente, megalómano, sadomasoquista; un matón caprichosamente malévolo». ¿De qué manera responderemos los cristianos ante esta ofensiva y blasfema andanada?

En este libro veremos, entonces, que el Dios del Antiguo Testamento es el mismo Dios del Nuevo Testamento que se manifiesta en Jesucristo y que, lejos de ser un Dios tribal restringido al pueblo de Israel, su carácter universal, único, vivo y verdadero se despliega y revela desde el principio ante los ojos desprejuiciados de quienes se adentran en la lectura del Antiguo Testamento sin prevenciones, de tal modo que todos los tratos de Dios con su pueblo y con la humanidad en la época veterotestamentaria encajan muy bien en su carácter invariable por el que Él es el mismo ayer, y hoy y por los siglos, sin que experimente la más mínima mudanza ni sombra de variación y sin que tenga que ofrecer disculpas por sus intervenciones en la historia registradas de manera inspirada en el Antiguo Testamento.

Así, pues, si bien es cierto que los cristianos debemos interpretar el Antiguo Testamento a la luz del Nuevo y no lo contrario, como sucede con las iglesias que suscriben una visión legalista de Dios, estacionada en el tiempo y atascada en el pentateuco, al mejor estilo de los saduceos; también lo es que no es posible entender la revelación de Dios en Jesucristo recogida en el Nuevo Testamento, sin hacerlo contra el trasfondo provisto por la revelación de Dios en el Antiguo Testamento. He ahí, entonces, la pertinencia y actualidad de este nuevo y calificado libro del doctor Pagán.

Prof. Arturo Iván Rojas Ruiz
Pastor y apologista
Bogotá, Colombia
3 de junio del 2020

PREFACIO

Dios, en el principio, creó los cielos y la tierra.
La tierra era un caos total,
las tinieblas cubrían el abismo,
y el Espíritu de Dios se movía
sobre la superficie de las aguas.
Génesis 1:1-2

PROPÓSITO

El objetivo de esta obra es estudiar la idea, el concepto y la naturaleza de Dios según se presenta en los diversos relatos narrativos y poéticos de la Biblia hebrea o el Antiguo Testamento cristiano. Particularmente identificaremos y explicaremos porciones bíblicas que presentan características divinas importantes. Evaluaremos y exploraremos porciones que pueden contribuir a subrayar, apreciar e interpretar los valores teológicos, éticos, morales, educativos, sociales y espirituales asociados al Dios que se revela en la literatura bíblica. Estudiaremos y analizaremos textos que pueden contribuir positivamente a la valoración adecuada y comprensión pertinente del Dios vivo (Sal. 42–43) que, en efecto, es el personaje más importante de la literatura bíblica.

El estudio del concepto de Dios, según se propone en este libro, no se da en el vacío. Se basa principalmente en la ponderación sobria y crítica de los textos canónicos del Antiguo Testamento.[1] Nuestra finalidad es evaluar sosegadamente los escritos bíblicos para enfatizar y explicar las peculiaridades teológicas y desafíos espirituales que pueden arrojar luz sobre la naturaleza divina.

Nos interesa comprender, específicamente, las acciones del Dios que se revela a Moisés con nombre propio, que posteriormente interviene de forma liberadora en la historia del pueblo de Israel y que, finalmente, se manifiesta de manera extraordinaria en la vida y muerte de Jesús y en la resurrección de Cristo. Deseamos explicar y aplicar la afirmación que le brinda fuerza e identidad a la teología del Antiguo Testamento: la soberanía de Dios,[2] pues esa característica divina es el trasfondo del importante tema expuesto y afirmado por los profetas y Jesús de Nazaret, el reino de Dios.

DOCUMENTOS PARA ESTUDIAR

Los documentos básicos que estudiaremos en este trabajo de teología bíblica se incluyen en el Antiguo Testamento. Usaremos el canon de la Biblia hebrea,[3] que se puede dividir en tres

[1] Aunque es importante reconocer y afirmar la importancia teológica e histórica de la literatura intertestamentaria y deuterocanónica o apócrifa para entender la relación entre los testamentos, particularmente para la comprensión de la teología neotestamentaria, nuestro énfasis se pondrá en la literatura canónica del Antiguo Testamento. El propósito nuestro es descubrir el concepto de Dios que emana de ese cuerpo literario. Para el estudio inicial de la literatura deuterocanónica o apócrifa, ver S. Pagán, *Palabra viva* (Miami: Caribe, 1995); ——, *El Santo de Israel* (Orlando: AETH, 2000).

[2] El tema de la soberanía divina ha sido fundamental en la historia del pensamiento cristiano, particularmente en la teología reformada. En la actualidad, esta teología ha adquirido nueva importancia por sus implicaciones ecológicas y contextuales. El Dios soberano está interesado en la preservación de la naturaleza que creó y que sostiene.

[3] Para propósitos de este libro, seguiremos el análisis canónico, según se manifiesta en la Biblia hebrea. Cuando los comentarios y las interpretaciones

secciones básicas y fundamentales. Seguimos el texto hebreo pues, además de ser el más antiguo, fue la Biblia que utilizó Jesús de Nazaret en su ministerio educativo y profético.

La primera gran sección se conoce como la «Torá», que en su sentido amplio se entiende como ley, aunque desde una perspectiva más estricta significa «instrucción». Incluye los primeros cinco libros de la Biblia, es decir, el Pentateuco: Génesis, Éxodo, Levítico, Números y Deuteronomio.

La segunda sección, a la cual nos referimos como «Profetas», comprende libros narrativos (desde Josué hasta 2 Reyes, conocidos como profetas anteriores) y también proféticos (Isaías, Jeremías, Ezequiel y los Doce, conocidos como profetas posteriores). Los llamados Doce, en las comunidades cristianas, se identifican como los doce profetas menores, que esencialmente son una especie de exégesis e interpretación histórica y teológica de la Torá.

Finalmente, la tercera sección bíblica es conocida con el título genérico de «Escritos», e incorpora materiales literarios y teológicos, en poesía y prosa, muy diversos, entre los que se encuentran: Salmos, Proverbios, Job, los cinco «Rollos» (Ester, Cantares, Rut, Lamentaciones y Eclesiastés), el apocalíptico Libro de Daniel y la doble interpretación teológica de la historia de Israel, Esdras–Nehemías y las Crónicas.[4]

La comunidad judía de la diáspora, particularmente la que vivía en Egipto, incorporó en su literatura religiosa una serie de

así lo ameriten, incorporaremos el análisis de otras versiones, particularmente la griega —conocida como la Septuaginta—. Ver S. Pagán, *Introducción a la Biblia hebrea* (Barcelona: Editorial Clie, 2012), para estudiar con detenimiento los cánones bíblicos y sus peculiaridades.

[4] Respecto a los estudios canónicos de importancia podemos identificar particularmente la obra clásica de F. F. Bruce, *the Canon of Scripture* (Downers Grove, Illinois: InterVarsity Press, 1988), no solo por el acercamiento descriptivo a los desafíos exegéticos y teológicos que presenta en torno a este asunto, sino también por la metodología educativa y la bibliografía que incluye y comenta. Ver también a S. Pagán, *op. cit.*

libros y adiciones a los libros canónicos que no se incluyen en la Biblia hebrea. Esos escritos, redactados en griego y conocidos como apócrifos (de acuerdo con las comunidades protestantes y evangélicas), o deuterocanónicos (para las iglesias católica u ortodoxa), posteriormente se les reconoció autoridad y se incorporaron en la traducción bíblica conocida como la Vulgata Latina, que en el año 1546, y por decisión del Concilio de Trento, fue reconocida como la versión oficial de las comunidades de fe católicas.[5]

En torno a esos libros apócrifos, Martín Lutero indicó, en un interesante apéndice teológico de su traducción de la Biblia al alemán que, «aunque eran provechosos y útiles, no eran del mismo nivel del resto de la Biblia hebrea».[6] De esa forma, desde muy temprano en la historia de la Reforma Protestante, la literatura apócrifa o deuterocanónica generalmente no se incluye en las Biblias editadas para las iglesias evangélicas.

La redacción del Antiguo Testamento es el resultado de un proceso histórico y teológico extenso e intenso que tomó alrededor de mil años en completarse. Desde las primeras expresiones poéticas orales hasta la redacción de la literatura narrativa, profética y de sabiduría, el Antiguo Testamento recoge en sus páginas un largo proceso de formación espiritual, religiosa, social y política que tiene sus comienzos históricos en antiguas comunidades nómadas.

Prosigue con la ubicación del pueblo de Israel en las tierras de Canaán, continúa con el estado monárquico, permanece durante el período exílico y revive en el retorno del pueblo de la

---

[5] En mis obras, *Palabra viva, op. cit.* e *Introducción a la Biblia hebrea* trato estos temas de la literatura deuterocanónica y explico la dinámica alrededor de la inclusión y exclusión de esos libros apócrifos en las Biblias editadas para comunidades evangélicas y protestantes.

[6] Citado por W. Zimmerli, *Manual de teología del Antiguo Testamento* (Madrid: Ediciones Cristiandad, 1980), p. 11.

diáspora a Jerusalén.[7] Un estudio sobrio de la teología que se encuentra en esos documentos no puede ignorar las dinámicas sociales, políticas y religiosas que se manifiestan en esos escritos. De particular importancia es el hecho de que se revela desde muy temprano en la historia: el Dios bíblico desea establecer un pacto o alianza con su pueblo. Y esa singular afirmación teológica, pedagógica y política ubica al Señor de la Escritura en un nivel diferente al resto de divinidades del Oriente Medio. Es un Dios que no solo tiene capacidad de intervención en la historia, sino que también posee el firme compromiso de establecer relaciones estables y transformadoras con su pueblo.

La teología del Antiguo Testamento puede describirse como el resultado de un largo proceso de estudio riguroso y de presentación sistemática de las ideas y conceptos sobre Dios que se incluyen en la primera sección de las Biblias cristianas. Esas ideas y conceptos le dan cohesión y unidad a todo el Antiguo Testamento; además, sirven de base para la comprensión de la divinidad que manifiesta su nombre a Moisés y que luego en la historia es reconocido como «el Dios y Padre de nuestro Señor Jesucristo».

Aunque es una disciplina científica relativamente reciente, en sus reflexiones internas se incluyen esfuerzos teológicos de importancia. En efecto, la realidad de la teología del Antiguo Testamento es más antigua que su nombre propio.[8] Antes que

---

[7] En torno a este tema de la historia del pueblo de Israel, pueden estudiarse las obras clásicas de John Bright, *La historia de Israel* (Bilbao: Desclee de Brouwer, 1996); Siegfried Herrmann, *Historia de Israel: En la época del Antiguo Testamento* (Salamanca: Sígueme, 1985), y S. Pagán, *Historia de Israel* (Barcelona: Editorial Clie, 2019).

[8] El recuento de la historia del estudio teológico del Antiguo Testamento es extenso, pues desde los primeros esfuerzos homiléticos, devocionales y académicos de la iglesia primitiva hasta las investigaciones y predicaciones contemporáneas, la teología ha jugado un papel importante, aunque muchas veces se ha hecho de forma implícita y no siempre se ha reconocido. En el capítulo que presentamos las diversas metodologías de estudio de la teología

se pensara, dialogara o analizara el tema de la teología bíblica, los conceptos básicos referentes a Dios se manifestaban con propiedad y liberad en las páginas de la Biblia hebrea.

IMPORTANCIA DEL ESTUDIO

El estudio de los conceptos que se relacionan con Dios en la Biblia son de importancia capital para pastores y pastoras, estudiantes de teología en seminarios e institutos bíblicos y personas laicas interesadas en crecer espiritualmente y desarrollarse en la fe. En primer lugar, el presupuesto teológico y metodológico más importante para entender la Biblia, específicamente para comprender el Antiguo Testamento, es la existencia de Dios, que no se pone en duda en las narraciones bíblicas y que se presupone y presenta claramente desde los comienzos mismos del Libro de Génesis (Gn. 1:1). Es importante notar, además, que el protagonista indiscutible de las narraciones de liberación y de las acciones salvadoras hacia el pueblo de Israel es Dios. El personaje fundamental, que se reveló a los padres y a las madres de Israel, y que en momentos de crisis nacional intervino en la historia de manera redentora, no es otro sino Dios, el Señor creador de los cielos y de la tierra.

En torno a ese Dios redentor y liberador se predican sermones y se presentan estudios bíblicos contextuales. Y en ese espíritu docente es labor de los pastores y las pastoras, los maestros y las maestras y también de los teólogos y las teólogas de la iglesia, exponer con efectividad, gracia, orientación, sabiduría y dedicación las Sagradas Escrituras. El objetivo es que los creyentes, las congregaciones y la sociedad en general no solo entiendan el mensaje bíblico, sino que también tengan el deseo, la

---

veterotestamentaria (cap. 1) se incluye una bibliografía bastante importante de la historia y las modalidades de ésta tan necesaria e importante disciplina de estudios bíblicos.

capacidad y el compromiso de aplicar sus enseñanzas a la vida diaria.

GRATITUDES

Luego de veinte años de haber publicado algunas ideas en torno al Señor de la Escritura por primera vez, reviso esos temas a la luz de nuestras nuevas investigaciones y reflexiones. Retomo el concepto, pues el siglo veintiuno requiere que tengamos una conciencia clara de la naturaleza divina. Además, las iglesias necesitan recursos noveles para comprender y predicar la naturaleza del Dios eterno; los predicadores y las predicadoras anhelan tener libros que les den nuevos recursos teológicos, homiléticos y pastorales; y las nuevas generaciones demandan explicaciones inteligentes a las preguntas básicas y fundamentales de la vida.

Este libro incluye algunas ideas que he explorado luego de años de reflexiones teológicas, décadas de traducciones bíblicas y decenas de libros publicados. Llega esta nueva obra bíblica y teológica mientras veo a mis hijos y nueras madurar, y me percato que mis nietos y nieta están creciendo rápidamente, en un mundo diferente al que me permitió estudiar y comenzar mi ministerio teológico, literario y educativo. Y presento esta publicación en medio de una serie extraordinaria de desafíos de salud y crisis económica que vive la humanidad.

En medio de una pandemia inesperada e inmisericorde, escribir sobre Dios es un gran gozo y un desafío extraordinario. Disfruto la investigación y la redacción del libro, pues incluyo temas que por años me han apasionado y he disfrutado. Pero también es un desafío singular, pues la gente pregunta, qué tipo de Dios permite el sufrimiento de tantas personas inocentes. Y esas afirmaciones e interrogantes me llevan nuevamente a explorar el libro de Job.

Le agradezco a Editorial Patmos y a su director, Thomas Ribas Souza, por la invitación que me hicieron para escribir y presentar este libro. Las crisis en la vida nos dan buenas oportunidades de escribir sobre el Dios transformador desde la perspectiva de la esperanza. Pienso que el énfasis educativo de Editorial Patmos puede ser un buen ángulo para poner esta nueva obra sobre Dios en las manos de creyentes hispanoparlantes interesados en presentar a la sociedad contemporánea un mensaje pertinente. Además, la editorial le brinda con este libro una buena oportunidad a las personas que están explorando la fe, a descubrir y disfrutar ángulos sobre Dios que no necesariamente se exploran de forma regular en los foros locales de las comunidades de fe.

Les invito a leer con detenimiento esta nueva presentación de mis reflexiones en torno al Dios de la Biblia, que en el Nuevo Testamento se lo conoce como el «Dios y Padre de nuestro Señor Jesucristo».

Para esta publicación he usado la traducción de la Biblia conocida como la Nueva Versión Internacional (NVI), aunque en varias ocasiones opté por traducir los textos del hebreo directamente al castellano. Esta es una versión de las Sagradas Escrituras con un muy alto grado de fidelidad a los manuscritos originales, junto a un nivel extraordinario de facilidad de comprensión.

EL DIOS QUE TRASCIENDE

Y para finalizar este prólogo le pedí a un buen colega y amigo de años que escribiera unas décimas con el tema de Dios, que incluyo a continuación. ¡Gracias, Luis Guillermo Montañez Vega!

El Dios que trasciende

Eres el Dios creador
que el desorden arreglaste
y en el Edén colocaste,

el objeto de tu amor.
El poderoso Señor,
que una nación escogiste,
porque a Abraham tú le pediste,
que de su tierra saliera,
para que en tu nombre hiciera,
tal y como le dijiste.

Eres Dios libertador,
amante de la justicia,
la más alegre noticia,
y bálsamo en el dolor.
Escuchaste tú el clamor,
y a Moisés así elegiste,
cuando te le apareciste,
en un extraño elemento,
por él terminó el tormento,
tal y como le dijiste.

Eres Dios, Señor y amigo,
de Elías, Samuel, Jefté
y de profetas con fe,
cada uno fue testigo.
De David bajo tu abrigo,
cuando rey fiel tú lo hiciste,
un día le prometiste,
y aseguraste su herencia,
porque te sirvió a conciencia,
tal y como le dijiste.

Eres el Dios que celoso,
estableciste instrucciones,
al pueblo diste razones,

para un futuro glorioso.
Y así se inició un hermoso,
caminar, porque insististe,
con fuerza lo condujiste,
pero un día te olvidó,
y el castigo le llegó,
tal y como le dijiste.

Tú eres un Dios que perdonas,
y tiene misericordia
y porque amas la concordia,
siempre buscas las personas.
Con ellas te relacionas,
a tu pueblo devolviste,
cuando cautivo lo viste,
con corazón desgarrado,
porque siempre lo has amado,
tal y como le dijiste.

Eres Dios de la promesa,
del Mesías que vendría,
en tú nombre él vencería,
con palabra de nobleza.
Al pueblo de tu dehesa,
que en formarlo te placiste,
a Jesús ahora le diste,
como tu hijo y salvador,
demostrando así tu amor,
tal y como le dijiste.

Samuel Pagán
Kissimmee, Florida
1 de junio del 2020

Introducción

EL GRAN «YO SOY»

Pero Moisés insistió:
—Supongamos que me presento ante los israelitas y les digo:
«El Dios de sus antepasados me ha enviado a ustedes».
¿Qué les respondo si me preguntan: «¿Y cómo se llama?»
—YO SOY EL QUE SOY —respondió Dios a Moisés—.
Y esto es lo que tienes que decirles a los israelitas:
«YO SOY me ha enviado a ustedes».
Además, Dios le dijo a Moisés:
—Diles esto a los israelitas:
«El SEÑOR, el Dios de sus antepasados,
el Dios de Abraham, de Isaac y de Jacob,
me ha enviado a ustedes.
Este es mi nombre eterno;
este es mi nombre por todas las generaciones».
Éxodo 3:13-15

«YO SOY» ME ENVIÓ A VOSOTROS

El propósito de este libro es exponer y analizar las ideas que en torno a Dios se presentan en el Antiguo Testamento.[9] El

[9] Aunque estoy consciente de las dificultades semánticas y teológicas que puede generar la identificación de la Biblia hebrea como Antiguo Testamento —p. ej., por la creencia de que lo antiguo ya ha sido superado por lo nuevo, insinuando algún tipo de juicio valorativo negativo, o por la actitud que puede generar hacia la comunidad judía—, he querido mantener la nomenclatura

objetivo fundamental es evaluar los pasajes bíblicos que nos permitan acercarnos a ese particular e indispensable personaje que se revela de forma extraordinaria, continua y progresiva en las Sagradas Escrituras, y que, mediante su intervención en la vida e historia del pueblo de Israel, hace notoria y pública su voluntad hacia la humanidad.

La finalidad indiscutible de esta obra sobre Dios en la Biblia hebrea es identificar, estudiar y exponer los textos bíblicos, revisar las ideas religiosas y analizar los temas teológicos que puedan arrojar luz en nuestra búsqueda de comprensión del Ser Supremo. Nos interesa estudiar las narraciones que presentan al Dios que se reveló inicialmente a Moisés, para liberar a los hijos e hijas de Israel de Egipto, y que posteriormente se manifestó en la vida y obra de Jesús de Nazaret y también en la iglesia cristiana.

Este estudio, en efecto, nos relaciona con una divinidad que se especializa en intervenciones históricas y manifestaciones reales en medio de las vivencias diarias de su pueblo. Y ese Dios que se revela en la literatura bíblica, no es lejano, inaccesible, remoto e impersonal. El Señor tiene la extraordinaria capacidad y el

---

eclesiástica tradicional por varias razones: en primer lugar yo emprendo esta empresa exegética, educativa, literaria y teológica desde la perspectiva de un estudioso cristiano, que entiende que en el Nuevo Testamento se pone de manifiesto y se revela un «nuevo pacto» de Dios con la humanidad a través de la vida y obra de Jesucristo. En nuestro análisis, además, el uso del término «antiguo» no implica imperfección ni alude a un nivel de revelación divina de menor categoría o importancia, ni intenta ignorar las contribuciones judías a esta literatura —de todos modos, fueron judíos los que redactaron estos documentos—. Es importante indicar, en torno a este asunto de la nomenclatura, que esta terminología tradicional es la que generalmente se utiliza en los entornos eclesiásticos y entre los grupos académicos de las comunidades hispanoparlantes, incluso en las ediciones y traducciones de la Biblia. Referente a este importante asunto, ver la reveladora obra de Roger Brooks y John J. Collins, eds.: *Hebrew Bible or Old Testament? Studying the Bible in Judaism and Christianity* (Notre Dame, Indiana: University of Notre Dame, 1990).

buen deseo de comunicarse directamente con las personas y los pueblos a través de la naturaleza y la historia y también mediante profetas, profetisas, sacerdotes y poetas, entre otras personas.

Un relato bíblico que pone en justa perspectiva esta comprensión de la divinidad que se presenta en las narraciones bíblicas, se encuentra en el Libro de Éxodo. Según la narración bíblica, cuando los hijos e hijas de Israel experimentaban la opresión y vivían en cautiverio en Egipto, Dios se reveló de forma novel y espectacular a Moisés. En esa teofanía o revelación divina, el Señor le llama y comisiona a organizar y poner en efecto una empresa liberadora y un proyecto de transformación para el pueblo de Israel. En medio de una zarza ardiente, que estaba ubicada, de acuerdo con el relato bíblico, en «tierra santa», Dios claramente le dijo a Moisés:

Pero el SEÑOR siguió diciendo:
—Ciertamente he visto la opresión que sufre mi pueblo en Egipto.
Los he escuchado quejarse de sus capataces,
y conozco bien sus penurias.
Así que he descendido para librarlos
del poder de los egipcios y sacarlos de ese país,
para llevarlos a una tierra buena y espaciosa,
tierra donde abundan la leche y la miel…
Éxodo 3:7-8a

El relato revela varios aspectos fundamentales y características importantes de la naturaleza divina que, posteriormente, a través de la Escritura y en la historia del pueblo, se expanden y explican aún mejor. Esa percepción de Dios sirvió de base para la identidad nacional y para la comprensión, explicación y recuento de las intervenciones divinas en medio de la humanidad. El relato de la revelación divina a Moisés está en el centro mismo de la teología bíblica.

Dios «ve» el sufrimiento de su pueblo. Se revela de esta forma una divinidad que tiene capacidad visual, es decir, que posee el don de la vista, no solo para mirar de forma distante y despreocupada lo que sucede en el mundo, sino también para, al percatarse de lo que sucede y evaluar críticamente la realidad humana, intervenir dramáticamente en la historia con un propósito redentor y liberador. El «ver» divino es una forma de comprender y solidarizarse con los israelitas, que estaban en medio de las penurias y el cautiverio a manos del faraón egipcio.

Ese «ver» divino, unido a su «oír», significa comprensión, simpatía y participación. Revela su deseo de intervención liberadora y manifiesta su anhelo de responder a las necesidades humanas más profundas e importantes. El Dios bíblico «libera» porque «ve» y «escucha», que es una manera de decir que el Señor redime porque está interesado en ponderar y atender la condición humana y tiene la capacidad y el deseo de «descender» a liberar y redimir a la humanidad de sus congojas, cautiverios y opresiones. El «ver» y el «oír» de Dios conducen a su «descender» con virtud redentora y poder liberador.

El pueblo de Israel, tanto en el recuento de la historia nacional como en la articulación de sus cánticos y cultos, continuamente afirma esa convicción. El Dios que se reveló a Moisés «conoce» las angustias de los israelitas, afirma su poder salvador y manifiesta su claro compromiso con la gente en cautiverio, orfandad y necesidad. En las narraciones históricas, en la redacción de leyes, en los mensajes proféticos y en las expresiones poéticas y religiosas del pueblo se articula clara y continuamente la misma seguridad y se revela con gran fuerza dramática la siguiente convicción:

El SEÑOR es mi roca, mi amparo, mi libertador;
es mi Dios, el peñasco en que me refugio.

Es mi escudo, el poder que me salva,
¡mi más alto escondite!
Salmos 18:2

Esa afirmación básica, de que Dios es el fundamento de la esperanza del pueblo, es el hilo conductor primario del pensamiento teológico del Antiguo Testamento. Esa seguridad le dio cohesión y sentido de dirección a la teología bíblica, y sentó las bases necesarias para el desarrollo pedagógico, moral, filosófico, teológico y ético del Nuevo Testamento.

ÉL TE HA DECLARADO LO QUE ES BUENO

En el corazón mismo de todo pensamiento teológico en la Biblia se encuentra Dios. Esta afirmación indica que para la comprensión adecuada de la literatura bíblica debemos entender lo que la Escritura dice en torno a ese singular personaje. Además, nos desafía a investigar y descubrir las implicaciones teológicas de los conceptos y las ideas fundamentales que se exponen en sus secciones legales, poéticas, históricas, proféticas y de sabiduría, entre las que podemos identificar, están las siguientes: elección, alianza o pacto, creación, sanidad, liberación y salvación.

De particular importancia es identificar y analizar las posibles relaciones entre la teología y la ética, entre el concepto de Dios y el comportamiento humano, entre las percepciones de la divinidad y las acciones diarias del pueblo y los individuos y entre la religión y la moralidad. Este importante análisis nos puede ayudar a entender mejor el tema de la espiritualidad saludable y transformadora.

Casi en cada página del Antiguo Testamento se hacen afirmaciones teológicas que tienen implicaciones importantes para la caracterización de Dios y para la comprensión de su naturaleza. En momentos, Dios se relaciona con las personas y los pueblos de forma natural, íntima y humana. En otras instancias, sin embargo, interviene en la sociedad de manera extraordinaria como poderoso creador de la naturaleza y el cosmos, como Señor de los ejércitos y como redentor y liberador del pueblo. Inclusive, en otras ocasiones se revela en medio de las liturgias semanales y las festividades religiosas y nacionales de la comunidad judía. En esas manifestaciones y autorrevelaciones es importante notar que es Dios quien lleva el papel protagónico, y el que tiene autoridad absoluta sobre la humanidad, la historia nacional e internacional y la naturaleza.

Generalmente las reflexiones en torno a Dios en el Antiguo Testamento se producen como respuesta humana a algún tipo de intervención o manifestación divina en la historia. En vez de desarrollar un sistema filosófico abstracto o un programa complejo de teología especulativa, el Antiguo Testamento presenta sus reflexiones a Dios como parte de las narraciones sobre la historia y las vivencias diarias del pueblo de Israel, en medio de oráculos proféticos, incorporados en oraciones y plegarias del templo, e, inclusive, como parte de la sabiduría popular que se pone de manifiesto en proverbios y salmos.

La teología bíblica no se descubre en la Biblia como un tratado sistemático, extenso, enciclopédico y académico saturado de especulación, sino como parte de las reflexiones continuas del pueblo en torno a la vida y sus realidades y desafíos.[10] Esa peculiaridad es la que permite que en medio de la teología bíblica se encuentren no solo alabanzas, esperanzas y gratitudes, sino también quejas, dolores y desesperanzas. La teología del Antiguo Testamento incorpora en sus reflexiones la vida misma

[10] Un fundamental y necesario libro de teología del Antiguo Testamento, escrito desde la perspectiva sistemática por un erudito católico, es el de P. van Imschoot, *Teología del Antiguo Testamento,* (Madrid: Ediciones Fax, 1969). Entre las virtudes de la obra está la identificación y exposición de varias categorías teológicas mayores, que están en diálogo con la teología sistemática contemporánea e informan el pensamiento religioso actual.

de la comunidad, con sus realidades inmediatas y desafíos existenciales. Este tipo de teología bíblica no es idealista ni ilusoria, sino real, inmediata, pertinente y contextual.

Desde la perspectiva hebraica, la existencia de Dios nunca se pone en entredicho. Según el testimonio bíblico, Dios existe y manifiesta su poder y autoridad en medio del cosmos, la humanidad y la historia. La fe del pueblo de Israel, de acuerdo con las narraciones escriturales, se fundamenta en realidades concretas, en experiencias reales, en vivencias históricas. No es el propósito de los autores sagrados especular sobre Dios, ni tampoco están muy interesados en explorar lo abstracto e intangible. No se presenta la teología bíblica como un tratado sistemático en torno a la divinidad.

Es muy interesante e importante notar, al estudiar los relatos en torno a Dios, que los escritores bíblicos no están interesados en reflexionar sobre las formas de conocer a Dios, ni explican cómo Él se les ha revelado.[11] Aunque el tema de Dios está presente en lo que escriben, no desarrollan ni exponen criterios metodológicos para entender los procesos de revelación ni para discutir las formas ordinarias o extraordinarias en que la revelación divina les llegó. Lo fundamental es exponer sus percepciones e interpretaciones de la intervención divina; lo prioritario es articular una teología que se presenta en forma de relato, de enseñanza, de ordenanza o ley, de oráculo, de sabiduría, de expresión religiosa en el culto.

Los personajes bíblicos tienen experiencias sustanciales con la divinidad en medio de las vivencias cotidianas: p. ej., Abraham se encontró con Dios en su campamento nómada y durante sus viajes por los desiertos; Moisés respondió a lo sagrado no solo en la cumbre del monte Sinaí, sino también en

---

[11] Los que se acercan un poco al asunto de explicar las maneras en que Dios se les ha revelado son los profetas en sus narraciones de vocación: p. ej., Isaías 6; Jeremías 1; Ezequiel 1–3.

el palacio del faraón y en la tienda del encuentro; los reyes, los sacerdotes y los profetas entendían que habían sido ungidos y comisionados por Dios para cumplir responsabilidades legales, sociales, administrativas, políticas, religiosas y aun militares, que se llevaban a efecto en la sociedad civil y en el templo; e, inclusive, los relatos de Job evidencian que Dios se manifestó en el sufrimiento, en la crisis personal y familiar y aun en medio de las dudas e incredulidades.

Esa particular característica teológica de la fe del Antiguo Testamento, que ve la presencia de Dios e interpreta su acción vital en las vivencias cotidianas de los individuos y la comunidad, no es el resultado de la falta de sofisticación teológica ni tampoco responde a un sentido de poco desarrollo filosófico y educativo. Concluir que las convicciones y afirmaciones teológicas de la Escritura de Israel son modestas y precarias porque carecen de sistemas teológicos sistemáticos es un error mayúsculo: en efecto, es una gran falta de comprensión de la naturaleza teológica de los documentos bíblicos y una interpretación equivocada de los testimonios escriturales narrativos que están a nuestra disposición.

La vitalidad y virtud teológica del Antiguo Testamento reside específicamente en su contextualidad, en su pertinencia, en su expresión de pueblo, en su cotidianidad, en su revelación diaria, en su comprensión de la vida. La profundidad de ese tipo de pensamiento teológico se relaciona íntimamente con lo común y diario de las intervenciones de Dios. La cúspide de la teología veterotestamentaria no es el descubrimiento de un sistema de especulación hipotética, sino la afirmación y celebración continua de un Dios que tiene la capacidad y el compromiso de intervenir en la historia y en la comunidad, y también se revela a individuos, para demostrar su naturaleza santa, su responsabilidad redentora, su deseo de liberación y su compromiso con la paz que se fundamenta en la justicia.

La pregunta básica y más importante de la teología del Antiguo Testamento no es si Dios existe, sino cómo esa divinidad se manifiesta libremente en medio de la sociedad. El deseo inmediato es comprender cómo esa divinidad contribuye efectivamente al desarrollo de un sistema social, político, religioso y espiritual que ponga de manifiesto su compromiso con los valores impostergables de la verdad, la justicia, la paz y la santidad. La preocupación fundamental de esta teología no es «probar la existencia de Dios», sino descubrir, identificar, explicar, afirmar y contextualizar las manifestaciones divinas en la vida de individuos, comunidades y naciones, y también en la naturaleza y el cosmos.

No les interesa a los escritores de la Biblia explicar los procesos y las dinámicas de cómo es que Dios interviene e interpela a las naciones, particularmente a Israel, y a los individuos. Su teología está siempre presente en lo que cantan, enseñan y escriben, pues se alude regularmente a la presencia divina en las narraciones patriarcales y matriarcales, los documentos legales, los relatos históricos, las porciones proféticas, las enseñanzas de sabiduría, los salmos, los proverbios, los apocalipsis y los poemas. En efecto, el conocimiento de Dios adquiere dimensiones tan cercanas e íntimas en el lenguaje bíblico, que el mismo término hebreo «conocer» no solo alude a la dinámica de adquirir y asimilar información, sino que también se utiliza para describir la intimidad de las relaciones sexuales. «Conocer» es estar cerca...

Conocer a Dios no es solo saber de su existencia y reconocer su realidad, también es experimentar su presencia y amor, que se manifiestan en la vida de manera continua y sistemática. Las formas de autorrevelación divina se producen en la palabra escrita y en la hablada, en la historia y en la naturaleza, en la guerra y en la paz. El concepto de Dios es la fuerza primaria que le da cohesión y significado a la literatura y al pensamiento teológico del

Antiguo Testamento. Según el mensaje profético, esa revelación divina al ser humano se relaciona íntimamente con manifestaciones concretas de justicia, misericordia, humildad y amor:

¡Ya se te ha declarado lo que es bueno!
Ya se te ha dicho lo que de ti espera el SEÑOR:
Practicar la justicia, amar la misericordia,
y humillarte ante tu Dios.
Miqueas 6:8

MÉTODOS DE ESTUDIO

Al comenzar el análisis del concepto de Dios en el Antiguo Testamento es importante identificar y entender cómo se han estudiado estos temas a través de la historia.[12] La pregunta fundamental al acercarnos a la teología bíblica se relaciona con la

[12] Entre las buenas evaluaciones históricas de las formas en que se ha estudiado la teología bíblica se pueden identificar las siguientes obras: Hans Frei, *The Eclipse of Biblical Narrative: A Study of Eighteenth and Nineteenth Century Hermeneutics* (New Haven: Yale University Press, 1974). John H. Hayes y Frederick C. Prussner, *Old Testament Theology: Its History and Development* (London: SCM Press, 1985); Gerhard Hasel, *Old Testament Theology: Basis Issues in the Current Debate* (Grand Rapids: Eerdmans, 1972); D. G. Spriggs, *Two Old Testament Theologies* (Naperville, Illinois: Alec R. Allenson Inc., 1972); Juan José Ferrero Blanco, *Iniciación a la teología bíblica* (Barcelona: Herder, 1967); Edmund Jacob, *Teología del Antiguo Testamento* (Madrid: Marova, 1969); Walter Brueggemann, *Theology of the Old Testament: Testimony, Dispute, Advocacy* (Minneapolis: Fortress Press, 1997); Walther Eichrodt, *Teología del Antiguo Testamento* (Madrid: Cristiandad, 1975). Respecto al desarrollo histórico y a la identificación de los temas fundamentales en el estudio de la teología bíblica, la obra de Hayes y Prussner es impostergable e insustituible; incluye discusiones extensas y críticas en torno a los presupuestos filosóficos y metodológicos de la disciplina, desde la época de la Reforma hasta varias interpretaciones recientes de las últimas décadas del siglo veinte. De particular importancia en el libro es la vasta presentación bibliográfica que puede ayudar considerablemente a la persona interesada en los temas expuestos a ponderar las peculiaridades metodológicas y las diferencias entre acercamientos, prioridades y autores.

identificación de los temas prioritarios y la explicación de esos asuntos de una forma coherente y sistemática. Aunque la teología bíblica no se presenta de manera sistemática en la Escritura, la exposición de esas interpretaciones debe articularse de alguna forma ordenada y coherente.

Los acercamientos metodológicos para estudiar la teología del Antiguo Testamento han sido varios, y en muchas ocasiones se complementan y se relacionan. Generalmente, esos tipos de estudios teológicos utilizan más de una metodología para explicar porciones complejas o para analizar secciones bíblicas de diferentes períodos y estilos literarios variados. Los métodos que se identifican e incluyen a continuación son solo una manera ordenada de exponer la riqueza de las diversas formas en que, a través de la historia, se han estudiado los principales temas teológicos en el Antiguo Testamento.[13]

El método descriptivo[14] pone su atención en la exposición detallada de lo que el texto bíblico quiso decir a la comunidad israelita, no en lo que significa el mensaje escritural el día de hoy. Esta metodología pone en evidencia una manera de describir y explicar las ideas, los temas y las importancias teológicas de los asuntos y las preocupaciones de los escritores bíblicos, para la comunidad que sirvió de entorno a esos mensajes y que escuchó y leyó esas afirmaciones teológicas en el período en que se presentaron. El propósito fundamental de la teología bíblica, según este modelo, es comprender y explicar los contenidos y la importancia de los temas bíblicos en el contexto original en que se presentaron.

---

[13] Seguimos en esta sección, principalmente, aunque de forma revisada para añadir estudios recientes, el libro de Hasel, *op. cit.*, pp. 11-28.

[14] Esta metodología se distingue muy bien de la teología sistemática, cuya función primaria es ordenar los temas teológicos para traducir su significado para la sociedad actual. Entre los exponentes de esta metodología se encuentran los siguientes: Edmond Jacob, *op. cit.*: G. Ernest Wrigth, *El Dios que actúa* (Madrid: Ediciones Fax, 1974).

Una objeción importante a este método es su naturaleza limitante, pues no se relaciona, en este tipo de análisis, el tema teológico de la Escritura con las realidades actuales de los creyentes y la sociedad. Una crítica fundamental es que con esta metodología lo que se produce es una especie de historia de la religión de Israel, no un tratado de teología bíblica. Aunque es muy importante y necesario entender el mensaje de la Biblia para sus receptores originales, no es menos importante descubrir y aplicar las implicaciones históricas y contemporáneas a las enseñanzas escriturales básicas y originales.

El método confesional[15] pone de relieve el importante e indispensable componente de la fe cristiana en los estudios del Antiguo Testamento. La teología bíblica, según esta metodología, es una empresa de la fe, que nace en las convicciones de la iglesia y que entiende el Antiguo Testamento como la Palabra de Dios. La Biblia hebrea fue el único texto escritural leído e interpretado por Jesús y sus discípulos, y posteriormente por las iglesias primitivas. El Nuevo Testamento llegó luego de décadas de reflexiones bíblicas basadas solamente en las enseñanzas del texto hebreo y las palabras de Jesús. Esta manera confesional de estudiar el Antiguo Testamento se diferencia del estudio del desarrollo de las ideas religiosas, que ciertamente es una importante actividad académica, pues no depende de la fe ni de las confesiones cristianas, y tiene sus propios criterios metodológicos y prioridades teológicas.

La dicotomía que presupone esta metodología confesional de estudio ha sido severamente criticada desde varias

[15] Una obra de importancia que se puede identificar como representante de esta metodología es la de G. A. F. Knigth, *A Christian Theology of the Old Testament* (London/Richmond: SCM Press/John Knox Press, 1959). Ver, además, en torno a esta forma de estudio bíblico, a Roland de Vaux: «Is It Possible to Write a "Theology of the Old Testament"?». *The Bible and the Ancient Near East* (London/Garden City: Darton, Longman & Todd/Doubleday and Company, 1971), pp. 49-62.

perspectivas. Aunque se reconoce positivamente la contribución muy necesaria y requerida del estudio de la teología desde la perspectiva de la fe —particularmente de la fe cristiana—, se debe estar consciente de las limitaciones y los desafíos que esta forma de análisis incorpora a la tarea. Particularmente importante es la distinción entre conocimiento y fe que se manifiesta en interpretaciones bíblicas que contraponen lo absoluto y lo relativo, la trascendencia y la inminencia. Esas distinciones son esencialmente ajenas al pensamiento bíblico y ponen cargas a la teología bíblica que complican la tarea investigativa. La verdad es que la fe verdadera busca comprender y descubrir, independientemente de las tradiciones religiosas.

El método transversal[16] es el que se dedica a identificar los procesos y eventos históricos que se encuentran subyacentes en la experiencia religiosa del pueblo. El propósito es descubrir las creencias fundamentales del Antiguo Testamento, según se presentan en los diversos períodos, para comprender y explicar su significado profundo. Con esta metodología de estudio se descubre el tema teológico básico que une indivisiblemente al Antiguo con el Nuevo Testamento: la irrupción extraordinaria del reino de Dios que llega para establecerse en la tierra.

Esta singular metodología rechaza, de forma absoluta, el esquema tradicional extrabíblico de presentar la teología de forma sistemática, con los valores de Dios, ser humano y salvación como normativos. En su defecto, identifica el tema de la alianza o el pacto como el valor teológico fundamental que le da cohesión y unidad a la teología bíblica. El Dios bíblico hace alianzas

[16] Una de las contribuciones mayores en el campo de la teología bíblica en el siglo veinte, utilizando esta metodología, se relaciona con los estudios seminales de Walther Eichrodt, particularmente en su obra magna, *Teología del Antiguo Testamento, op. cit.* El principio rector de las categorías mayores de la teología de Eichrodt es el pacto, y se manifiestan en las alianzas entre Dios y el pueblo, Dios y el mundo, y Dios y el ser humano.

con su pueblo, que se demuestran en los pactos antiguo y nuevo, es decir, el Antiguo y el Nuevo Testamento.

La dificultad mayor con el uso y la aplicación de esta metodología es la imposibilidad de contener en solo una categoría mayor (p. ej., el pacto o la alianza) la amplitud histórica, complejidad exegética y extensión filosófica del pensamiento religioso y teológico del Antiguo Testamento. Ese esfuerzo de explicar, con un solo principio rector, aunque sea importante y necesario, la teología bíblica, no hace justicia a las diversas, ricas y particulares vertientes teológicas que se incluyen en la Biblia hebrea. No se puede encontrar un denominador común que abarque la totalidad de las expresiones religiosas y teológicas de las Escrituras de Israel. La diversidad y pluralidad del material bíblico debe tomarse en consideración al tratar de explicar sus contribuciones teológicas.

El método diacrónico[17] es el que reconoce la complejidad, variedad y extensión de las tradiciones bíblicas al ponderar la teología del Antiguo Testamento. Es una metodología fundamentada en las tradiciones históricas y proféticas de Israel; además, incorpora el resultado de las investigaciones científicas y críticas de los estudios bíblicos modernos. Este tipo de teología bíblica no solo reconoce el importante contenido histórico de las afirmaciones religiosas del pueblo de Israel, sino que toma seriamente en consideración el componente «kerigmático», es decir, las confesiones y los credos del pueblo judío, que se ponen de manifiesto en el testimonio espiritual y nacional.

Esta teología es eminentemente confesional y narrativa, pues relata, articula y cuenta las compresiones del pueblo referente a la continua actividad de Dios en la historia. Es una manera de comprender las referencias a Dios y sus interpretaciones, desde

---

[17] El mejor representante de esta metodología es Gerhard von Rad quien contribuyó destacadamente a la teología bíblica con su obra *Teológica del Antiguo Testamento, Vol. 1 y 2* (Salamanca: Ediciones Sígueme, 1973).

el ángulo de las grandes confesiones de fe del pueblo de Israel, que se revelan en secciones narrativas, poéticas y proféticas.

La mayor crítica que esta metodología ha recibido es su incapacidad para identificar un centro básico de la teología, o por lo menos reconocer un tema prioritario en las tradiciones teológicas de la Escritura. Esa ambigüedad metodológica causa graves dificultades en el proceso de aplicación de los resultados del estudio teológico.

El método canónico[18] de estudio de la teología del Antiguo Testamento es el que tiene como objetivo hacer una reflexión teológica de la Biblia en su contexto canónico. Específicamente este método estudia las categorías teológicas, según se presentan y aparecen en el Antiguo Testamento, y le da prioridad a las citas del Antiguo que se incluyen en el Nuevo Testamento. Este acercamiento al estudio bíblico tiene, entre sus varias virtudes, las siguientes características: toma seriamente en consideración la totalidad del mensaje bíblico, que para los cristianos es fundamental e importante; y, además, reconoce la importancia del carácter normativo que los creyentes le dan al texto bíblico. Este método es también muy útil para presentar el resultado de la investigación científica a personas no iniciadas en el estudio crítico de las Sagradas Escrituras.

El mayor desafío de esta metodología es posiblemente su misma virtud: la relación entre el Antiguo y el Nuevo Testamento. El movimiento teológico entre los dos Testamentos no siempre es claro y continuo, y muchas veces es complejo. Las diferencias históricas, sociales, religiosas y políticas que presuponen esos importantes escritos generaron divergencias teológicas y propiciaron una gran variedad de experiencias religiosas

[18] Generalmente se reconoce a Brevard S. Childs, *Introduction to the Old Testament as Scripture* (Philadelphia: Fortress Press, 1979), como uno de los mejores y más importantes exponentes de esta metodología de teología bíblica.

y espirituales. Esas variantes se manifiestan en el estudio de la Escritura, y complican la continuidad intertestamentaria.

El método postmoderno[19] es de origen más reciente, y no solo llama a un cambio radical en las formas de estudio bíblico tradicional, sino que demanda, además, una ruptura con los presupuestos filosóficos y teológicos que dieron paso a la tarea interpretativa del siglo veinte. La situación postmoderna tiene características sociales, religiosas y políticas particulares que deben tomarse en consideración al emprender la tarea de investigación de la teología bíblica. De particular importancia en el proceso es el reconocimiento de que la teología bíblica no se puede entender adecuadamente partiendo de categorías preconcebidas, pues el Dios bíblico, de acuerdo con las narraciones disponibles, no se conforma fácilmente a los presupuestos dogmáticos que dicta la teología sistemática, ni tampoco responde adecuadamente a las filosofías modernas o postmodernas.

El estudio de la teología bíblica, desde la perspectiva postmoderna, debe tomar seriamente en consideración el lenguaje sobre Dios utilizado en la Biblia. Ese proceso nos permite descubrir que la retórica y la semántica juegan papeles protagónicos en el estudio de la teología. Analizar críticamente el lenguaje sobre Dios en el Antiguo Testamento y revisar sus diversos

[19] He decidido identificar esta metodología como «postmoderna» por el análisis histórico y teológico y por la seria y penetrante explicación y exposición sociológica que ha incorporado Walter Brueggemann en su magistral obra, *Theology of the Old Testament... op. cit.* Este libro presenta la teología del Antiguo Testamento a la luz de los estudios bíblicos críticos contemporáneos, y toma seriamente en consideración el pluralismo de las ideas y pone de relieve los testimonios del pueblo de Israel en torno a la figura central de la Biblia, Dios. La influencia de G. von Rad en la teología de Brueggemann es intensa y reconocida, aunque en este nuevo esfuerzo se han superado las limitaciones metodológicas que se ponían de relieve en los estudios previos. En la introducción de su teología. Brueggemann presenta un magnífico análisis de las contribuciones importantes que a la teología bíblica han hecho los eruditos de otras latitudes y de otras perspectivas ideológicas y metodológicas.

componentes lingüísticos, filológicos y semánticos, nos permite el movimiento dinámico que nos mueve de la superficie de los pasajes bíblicos, hasta permitirnos penetrar las categorías fundamentales del mensaje, y descubrir en las estructuras profundas de la Escritura los temas básicos que facilitarán la ponderación, la comprensión y el aprecio de la extraordinaria naturaleza divina en el Antiguo Testamento.

NUESTRO ESFUERZO METODOLÓGICO

En el estudio, la redacción y la presentación de este nuevo esfuerzo para articular una introducción al concepto de Dios en el Antiguo Testamento, se han tomado en consideración varios factores teológicos y metodológicos de importancia. En primer lugar, se han incorporado los resultados pertinentes de las investigaciones exegéticas, teológicas, canónicas, sociológicas y críticas de la Escritura, y se ha entrado en diálogo con varios de sus exponentes y representantes más importantes. También se ha prestado gran atención al estudio de la historia de Israel, tanto en los hechos como en las tradiciones.

Además, se han tomado seriamente en cuenta las evaluaciones recientes en torno a la literatura bíblica, específicamente el poder de evocación e inspiración que manifiestan los documentos escritos. Finalmente se han evaluado las implicaciones de los estudios de la historia de las religiones y religiones comparadas para el desarrollo de una teología bíblica, pues Israel, específicamente, desarrolló sus percepciones teológicas y sus ideas religiosas en diálogo o confrontación con otros pueblos en el Antiguo Oriente Próximo.

En cierto sentido, este libro se relaciona íntimamente con la historia de la salvación, y nos lleva al umbral del estudio del Nuevo Testamento. En efecto, no puede entenderse la literatura cristiana ni el ministerio de Jesús de Nazaret sin comprender adecuadamente las ideas religiosas que le dieron razón de ser a nuestro Salvador, y que sirvieron de entorno filosófico y teológico al ministerio de las personas que redactaron la literatura neotestamentaria. Por tal razón, la sección final explorará las relaciones entre los dos Testamentos y evaluará varias implicaciones misioneras para las iglesias cristianas de la teología veterotestamentaria.

BIBLIOGRAFÍA

Respecto a la bibliografía que se utilizará y a la que se hará referencia en este estudio, debemos hacer una necesaria y pertinente aclaración metodológica. Las notas marginales aluden con regularidad a los libros, las investigaciones y los artículos que pueden consultarse para aclarar aún más algún tema de importancia. Esas notas son de valor incalculable para los estudiantes y eruditos que desean proseguir el diálogo con el autor de este libro o que se interesan por profundizar o comprender aún mejor algunos de los temas analizados.

En el capítulo final se incorpora, además, una bibliografía selecta sobre la literatura que explora las ideas más importantes discutidas en este nuevo libro sobre *¿Quién es Dios en el Antiguo Testamento?* Esa sección es necesariamente limitada, no solo por razones de espacio, sino porque en las obras citadas se incluyen bibliografías más extensas y específicas. Además, en las notas marginales se exploran comentarios y reflexiones sobre algunas de las obras que se identifican en la bibliografía selecta.

A través de estas páginas se hace referencia continua a varias obras de importancia capital en torno a la disciplina de la teología bíblica. Estos libros son imprescindibles en cualquier estudio teológico del Antiguo Testamento por contribuciones metodológicas y teológicas que han hecho a este campo de investigación, y pueden utilizarse con sabiduría y juicio crítico para entender mejor los temas expuestos, pues manifiestan alguna virtud que se ha querido destacar en la cita.

En primer lugar, se citará regularmente la obra de Walter Brueggemann por el acercamiento postmoderno al tema y por su capacidad de relacionar los temas teológicos con la tarea misionera y pastoral. También se hará referencia continua a las contribuciones destacadas y clásicas de Edmund Jacob, Walther Eichrodt, P. van Imschoot, Gerhard von Rad y Walther Zimmerli,[20] no solo por la importancia que sus aportaciones literarias han hecho al campo de la teología veterotestamentaria, sino también porque sus obras están disponibles en castellano. Esa capacidad de poder estudiar y analizar sus escritos en español es una virtud particular y muy importante, particularmente para los estudiantes que no dominan el idioma inglés u otros idiomas europeos, como el portugués, el alemán, el francés e el italiano.

[20] Walther Zimmerli, *Manual de teología del Antiguo Testamento* (Madrid: Cristiandad, 1972).

Capítulo 1

EL DIOS VIVIENTE

Cual ciervo jadeante en busca del agua,
así te busca, oh Dios, todo mi ser.
Tengo sed de Dios, del Dios de la vida…
Salmos 42:1-2a

UN DIOS SOBERANO

La afirmación teológica que le da fundamento, sentido de dirección, coherencia y unidad a la teología del Antiguo Testamento se relaciona con la soberanía divina. Una lectura inicial de los testimonios bíblicos pone claramente de relieve que el Dios de las Sagradas Escrituras es soberano, y que todo lo que existe es una manifestación y expresión de su voluntad. Esa extraordinaria y pertinente percepción teológica de soberanía divina incentiva el reconocimiento, las alabanzas y la adoración, y también es la que impide que la existencia de Dios se ponga en duda, pues únicamente las personas insensatas y necias son las que se atreven a afirmar en su corazón: «No hay Dios» (ver Sal. 14:1; 53:1).[21]

[21] Esta afirmación de negación de las personas necias no es necesariamente una declaración atea, sino un rechazo o duda de que Dios intervenga de manera activa en los asuntos humanos. La implicación concreta de esa afirmación teológica es la conducta perversa de quienes la adoptan; ver Sal. 14:1-7. El profeta Jeremías critica severamente a los israelitas que han renegado la fe con sus infidelidades, pues ponen en duda la soberanía divina (Jer. 5:12).

Aunque se pueden encontrar varios pasajes importantes en el Antiguo Testamento que pueden ser utilizados para corroborar y «probar» la existencia de Dios, la revelación y la presencia divina y su continuo acompañamiento al pueblo son los mejores indicadores de su poder y las más claras demostraciones de su existencia. Por esa razón básica no es necesaria la identificación de porciones escriturales que hablen en favor de las pruebas cosmológicas (p. ej., Sal. 19:1; Is. 40:21); teológicas (p. ej., Sal. 8:5-7; 104:25; Jer. 14:22), y morales (p. ej., Gn. 31:42; Sal. 94:10) de la existencia divina.

La presencia y la realidad de Dios se ponen en clara evidencia en las continuas declaraciones y afirmaciones teológicas que se incluyen en la legislación, el culto, los oráculos, las narraciones históricas y la literatura poética y sapiencial. En efecto, la presencia divina en medio de las realidades cotidianas del pueblo es la evidencia fundamental e indiscutible para superar la tentación de dudar de la realidad divina. La Biblia reconoce claramente que Dios existe y no intenta responder a preguntas que no se planteaban las personas que trabajaron en los procesos de redacción y compilación de la literatura religiosa y nacional del pueblo de Israel.

La realidad de Dios está tan firmemente anclada y articulada en la Biblia, que no se perciben esfuerzos especulativos ni filosóficos por tratar de descubrir el origen de la divinidad o de entender sus relaciones familiares. Aunque estos conceptos teológicos que se desarrollan en Israel se manifiestan en medio de culturas y naciones politeístas, el Dios bíblico no evoluciona ni tiene familia, no se describe su origen ni se explica la historia previa a su manifestación histórica.

En varias culturas politeístas vecinas de Israel se presenta la creación como la lucha extraordinaria de diversas divinidades. La Biblia, sin embargo, afirma con seguridad que desde el origen de todo lo creado el principio rector y de autoridad es Dios, evitando de esa forma todo tipo de especulación sobre su desarrollo y crecimiento. Inclusive los diversos nombres con que se conoce al Dios bíblico no revelan relaciones paternofiliales: son esencialmente indicadores y manifestaciones del desarrollo y crecimiento teológico del pueblo de Israel al llegar a Canaán y responder de manera práctica a los desafíos que le presentaban las culturas existentes que tenían sus propios sistemas religiosos, sus divinidades regionales y sus convicciones teológicas.

Del Dios bíblico se indica que es «eterno», pues se afirma claramente que ya existía «antes que nacieran los montes y se formaran la tierra y el mundo, desde el siglo y hasta el siglo» (Sal. 90:2, SP). La relación entre eternidad y vida es importante en nuestro estudio: Dios es eterno porque está vivo, y los adoradores y escritores bíblicos lo percibían como una realidad eterna indescriptible que respondía a sus necesidades históricas descriptibles. La eternidad de Dios se fundamenta en su capacidad de vivir, que a su vez es una manifestación clara e inequívoca de su deseo extraordinario de intervenir en la historia.[22]

Lo que distingue a Dios de otras divinidades es precisamente la vida. Previo a la afirmación y desarrollo del monoteísmo absoluto, la diferencia fundamental entre el Dios de Israel y las divinidades de las naciones vecinas era la firme y clara contraposición entre la vida y la no existencia, que era una manera de manifestar debilidad.

En la crítica de Jeremías a las divinidades extranjeras se incluye una muy importante declaración teológica, que pone de relieve la diferencia entre la vida y la impotencia. El Dios verdadero está vivo, mientras las divinidades extranjeras manifiestan sus debilidades al no poder crear, ¡ni aún vestirse!; no pueden responder al furor ni a la indignación de un Dios que también es monarca. De acuerdo con Jeremías:

---

[22] Seguimos generalmente en el análisis del Dios viviente a Jacob, *op. cit.*, pp. 41-45.

Plata laminada es traída de Tarsis y oro de Ufaz,
obra del artífice y de manos del orfebre;
su vestido es de violeta y púrpura;
todo ello obra de peritos.
Pero el SEÑOR es el Dios verdadero;
Él es el Dios vivo y el Rey eterno.
Ante su enojo tiembla la tierra,
y las naciones son impotentes ante su indignación.
Jeremías 10:9-10, SP

En esa misma vertiente teológica se pueden incluir los extraordinarios y continuos mensajes de desafío a los dioses falsos que se incorporan en el libro de Isaías, particularmente en su segunda sección (Is. 40–55). El Dios bíblico reta a las divinidades de Babilonia y les llama a que se acerquen y anuncien el porvenir o que indiquen lo que ha sucedido en el pasado (Is. 41:21-21). Además, el famoso profeta y poeta del exilio, indica claramente que los que erigen esos ídolos de madera, que no tienen el poder de salvar ni de intervenir en la historia del pueblo, no tienen conocimiento (Is. 45:20) —es decir, son ignorantes—, para finalmente declarar:

Declaren y presenten sus pruebas,
deliberen juntos.
¿Quién predijo esto hace tiempo,
quién lo declaró desde tiempos antiguos?
¿Acaso no lo hice yo, el SEÑOR?
Fuera de mí no hay otro Dios;
Dios justo y Salvador,
no hay ningún otro fuera de mí.
Isaías 45:21

Se presenta una vez más el Dios bíblico como el que vive, en contraposición a las divinidades que no tienen esa capacidad ni poder. Esa particular característica divina es la que le permite al Dios bíblico dar vida (Jer. 38:16), que es el principio teológico rector que afirma la importancia de la salvación y que posteriormente llevará a la afirmación de la victoria sobre la muerte:

Vuelvan a mí y sean salvos,
todos los confines de la tierra,
porque yo soy Dios,
y no hay ningún otro.
Isaías 45:22

La vida de Dios se presenta de manera ejemplar en la Escritura en un idioma simbólico, poético, descriptivo, antropomórfico. No es esta una manera poco sofisticada o primitiva de hablar de Dios, sino una forma polivalente y creativa de poner de manifiesto la relación íntima y la continuidad entre la vida que reciben y tienen los seres humanos y la vida de Dios. El lenguaje humano sirvió de vehículo de comunicación para poner de relieve la naturaleza viviente de la divinidad bíblica.[23]

En esa muy importante tradición poética y literaria, Dios «habla» (Gn. 1:3), «escucha» (Éx. 16:12), «ve» (Gn. 6:12), «siente» (1 S. 26:19), «ríe» (Sal. 2:4) ¡y hasta «silva»! (Is. 7:18). Además, cuenta con los órganos adecuados y los sentidos necesarios para llevar a efecto sus funciones en el mundo: p. ej., tiene «ojos» (Am. 9:4), «manos» (Sal. 139:5), «brazos» (Is. 51:9), «orejas» (Is. 22:14) y «pies» (Neh. 1:13). Sus actividades y movimientos muchas veces son descritas en ese mismo tipo de lenguaje simbólico, pues «pisotea el lagar» (Is. 63:1-6), «cabalga sobre las nubes» (Dt. 33:26), «desciende del cielo» (Gn. 11:7), «cierra la puerta del arca

[23] En el desarrollo y uso de las imágenes para describir las acciones divinas, los escritores bíblicos utilizaron también la simbología de los animales, para destacar, particularmente, el aspecto violento y de juicio de sus actividades: p. ej., el comportamiento y la agresividad del león, el oso y la pantera sirven de base para esas comparaciones (Lam. 3:10; Os. 5:14; 11:10; 13:7).

de Noé» (Gn. 7:16) y es «varón de guerra» (Éx. 15:3, RVR1960). Inclusive, este lenguaje humano, figurado y antropomórfico, que se utiliza para articular las actividades divinas, también sirve de base para expresar sus sentimientos más profundos: p. ej., «la alegría» (Sof. 3:17), «la náusea» (Lv. 20:23), «el arrepentimiento» (Gn. 6:6) y particularmente «el celo» (Éx. 20:5).[24]

LOS NOMBRES DE DIOS

En las sociedades semíticas, los nombres representaban la esencia misma de las personas. Carecer de nombre era también estar desprovisto de significado en la vida e inclusive de la existencia misma. El nombre posee una especie de mística particular, según el pensamiento antiguo, que afecta de forma sustancial a la persona que lo lleva.[25] Conocer el nombre de alguien era como poseer y controlar a esa persona; se pensaba, en efecto, que se podía ejercer algún tipo de poder y autoridad especial sobre la persona que revelaba y hacía público su nombre. Desde esta perspectiva, el individuo existe efectivamente en su nombre, que contiene una afirmación sobre la naturaleza misma de quien lo lleva.

Respecto a las divinidades el nombre jugaba un papel aún más importante.[26] Para los antiguos, las divinidades ejercían un

[24] El uso de este tipo de lenguaje antropomórfico tuvo sus límites de importancia, que le permitieron al pueblo entender las diferencias entre lo divino y lo humano. Entre las acciones que atemperaron este tipo de lenguaje, se pueden identificar las siguientes: p. ej., el respeto por la trascendencia de Dios motivó revisiones literarias para evitar un tipo de lenguaje inadecuado con respecto a la divinidad, el reconocimiento de las diferencias entre la naturaleza humana y la divina; el concepto del ser humano que únicamente tiene sentido en comunidad, lo diferencia al Dios que es único; la falta de una compañera para el Dios bíblico, y la prohibición de crear imágenes. Jacob, *op. cit.*, pp. 44-45.

[25] Un caso bíblico interesante es digno de mención: Nabal, según la narración en la Escritura (1 S. 25:25), era como su nombre, ¡insensato!

[26] Las reflexiones y las conclusiones en torno al nombre de Dios que hace

dominio especial e indiscutible sobre la vida de las personas.[27] Por esta razón, conocer el nombre de la divinidad con la cual se desea entablar alguna relación es fundamental e indispensable. Mientras no se conocía el nombre del dios no se podía invocar efectivamente, pues se pensaba que en el conocimiento del nombre estaba la esencia que le permitía una comunicación adecuada y efectiva, que facilitaba la adoración y la relación entre la divinidad y el adorador.

El —o su plural, *Elohim*— es un apelativo genérico que se encuentra frecuentemente en casi todos los pueblos y las culturas semíticas.[28] Su origen etimológico es complicado, y la mayor parte de los estudiosos todavía no llegan a una conclusión definitiva y segura sobre su significado preciso. Sin embargo, el estudio semántico del término puede revelar niveles de sentido que contribuyen a la comprensión teológica adecuada de la divinidad que se identifica con este nombre.[29]

El puede ser un nombre común que describe a las divinidades en general; aunque también se utiliza como el nombre propio de una divinidad específica —tanto en Canaán como en Israel— que tiene sus características teológicas propias y particulares.

Brueggemann son fundamentales en nuestro estudio; de particular importancia es su comprensión lingüística de los asuntos teológicos; Brueggeman, *op. cit.*, pp. 122-126.

[27] Von Rad, *op. cit.*, pp. 236-239.

[28] Con la posible excepción de la comunidad etíope, este apelativo genérico para Dios se manifiesta con fuerza en las culturas semíticas. Esta sección lingüística de «El» se fundamenta en la presentación de Jacob, *op. cit.*, p. 47.

[29] Estoy muy consciente que el estudio semántico y lingüístico de algún término bíblico no agota las posibilidades de sentido, sin embargo, nos puede brindar buenas pistas y sentido de dirección en el proceso investigativo; ver a J. Barr. *The Semantics of Biblical Language* (Oxford: Oxford University Press, 1961); Brueggemann, *op. cit.*, pp. 44-46.
En nuestro análisis de los nombres divinos se toma en consideración no solo la lingüística, sino el contexto histórico y literario de los términos, además del resultado de los descubrimientos arqueológicos y la antropología; Zimmerli, *op. cit.*, pp. 17-18.

El nombre divino *El* puede derivarse de una antigua raíz semítica que significa o se asocia con las ideas de fuerza, poder o fortaleza. En este sentido, el nombre puede claramente relacionarse en la Escritura con el árbol fuerte por excelencia, la encina (ver Gn. 31:29; Dt. 28:23; Mi. 2:1; Pr. 3:27; Neh. 5:5). Describiría entonces el nombre *El* a una divinidad fuerte, un dios que se distingue e identifica particularmente por su fortaleza y poder.

Otros estudiosos piensan que la raíz del nombre *El* se puede derivar de la expresión que transmite la idea de «estar delante» o «ser el primero». El nombre divino, según esta teoría, se debe relacionar entonces con el concepto o la idea de «estar delante del rebaño», o «ser el primero del pueblo».

Para otro sector importante de eruditos, este nombre de dios debe asociarse inicialmente con la preposición «hacia» o con la idea de «llegar a algún lugar». El nombre pondría de relieve las características de una divinidad a la cual se va para rendirle culto.

Inclusive este nombre divino, *El*, se ha evaluado a la luz del verbo «ligar» o «unir». En este caso, *El* sería una divinidad de alianzas o pactos fuertes, con la cual no se pueden romper las relaciones; un dios que establece relaciones permanentes con sus adoradores.

Posiblemente la idea de fortaleza y fuerza es la que se acerca más íntimamente a las imágenes bíblicas de *El*, aunque el resto de las explicaciones enfatizan algún aspecto importante de la divinidad. Según las narraciones escriturales, se relaciona directamente a *El* o *Elohim* con las montañas (Sal. 36:6), los cedros (Sal. 80:10), las estrellas (Is. 14:13), los campos (1 Cr. 12:23) y el viento —o el Espíritu— (Gn. 1:2). En estas imágenes se asocia a Dios, identificado específicamente con el nombre propio *El*, con la idea del poder, la fuerza, la autoridad, la fortaleza y la grandeza. En este sentido, este particular nombre divino pone de relieve un sentimiento religioso universal: ante el poder y la majestad de lo eterno, el ser humano reconoce su pequeñez y se siente dependiente.

En torno a la comprensión del nombre de Dios, es importante afirmar que el estudio de las religiones de los moradores de Canaán revela la existencia de una serie de dioses que se adoraban en diversos lugares de diferentes maneras.[30] En ese importante panteón cananeo, el dios *El* ocupaba un lugar fundamental y protagónico, pues era reconocido como el dios supremo.

Una característica importante de ese dios *El* era su singular e íntima relación con lugares: p. ej., ciudades, árboles, montañas, fuentes. Otro aspecto peculiar de esta divinidad cananea era su reconocimiento y adoración bajo una serie de nombres que posteriormente se relacionaron con el Dios de Israel: p. ej., de *El-Shadday*, *El-Elion*, *El-Olam*, *El-Roi*, *El-Betel*, *El-Berit*, *El-Shalem* y *El-Hadad*.[31] La comprensión adecuada de esta dinámica entre el Dios de Israel y la divinidad de Canaán es necesaria para entender el peregrinar de la comunidad judía hacia el monoteísmo.

Yahvé —o como se le conoce en la tradición de las versiones de la Biblia Reina-Valera, *Jehová;* o el *SEÑOR,* en la NVI—[32]

---

[30] La comprensión adecuada de la religión de Canaán es imprescindible para entender la teología bíblica, particularmente para entender el proceso teológico por el cual el pueblo de Israel llego al monoteísmo absoluto.

[31] En su proceso histórico y teológico, Israel no tuvo dificultades mayores en utilizar estas designaciones teológicas de *El* y aplicarlas a su Dios. Sin embargo, ese no fue el caso de las relaciones con Baal, que siempre fueron antagónicas. Ver particularmente a Zimmerli, *op. cit.*, pp. 43-45.

[32] La pronunciación de las cuatro consonantes del nombre divino —conocidas como «tetragrámaton»— se descubre con bastante seguridad en el estudio de la literatura patrística y de la Septuaginta, que lo identifican como «iabe» o «iaobe»; von Rad, *op. cit.*, p. 34. La traducción de Casidoro de Reina en el 1569 leyó las consonantes del nombre divino yhvh, que se dejaron de pronunciar en la comunidad judía desde el siglo 4 a. C. por consideraciones religiosas —con las vocales de adonay, que significa «señor»—, para producir la singular pronunciación «Jehová». En las comunidades evangélicas, las

es siempre el nombre propio del Dios de Israel, y por tal razón está relacionado con un significado particular y preciso.[33] En el proceso de descubrir esa peculiaridad de sentido debemos servirnos no solo de los estudios etimológicos, sino también del análisis exegético y teológico de los textos bíblicos fundamentales.

El origen etimológico de las consonantes hebreas *YHWH* se puede relacionar con, por lo menos, tres teorías prioritarias. El primer esfuerzo interpretativo relaciona el nombre divino con una forma primitiva de *Yah*, que ciertamente era una especie de exclamación estática o expresión de adoración que con el tiempo se aceptó como nombre divino. Varios salmos incluyen esta forma del nombre de Dios (p. ej., Sal. 147:1). Y respecto a los nombres de Dios y los Salmos, debe notarse también que la popular fórmula litúrgica «aleluya», incluye en el «yah» final el nombre corto de Dios.

La segunda teoría lingüística sobre el nombre propio de Dios une el pronombre personal en hebreo a la fórmula de *Yah*, para obtener el bisilábico *Yahu*. Esta nueva forma nominal podría expresar algún nivel de exclamación con el significado de «¡Oh, es él!», en una posible imitación onomatopéyica del trueno. En la Biblia se encuentran varios pasajes interesantes que pueden utilizarse para apoyar esta interpretación (2 R. 2:14; Jer. 5:12).

---

referencias a Jehová como el nombre propio de Dios es común, por el uso continuo de la importante familia de traducciones de la Biblia asociadas a Casiodoro de Reina y Cipriano de Valera.

[33] Evaluar el carácter de Dios basado únicamente en el nombre es una metodología deficiente; sin embargo, ese mismo estudio nos puede brindar las pistas necesarias para expandir el horizonte teológico, histórico y filológico de nuestro entendimiento. Respecto a los nombres de Dios, ver a T. N. D. Mettinger, *In Search of God: The Meaning and Message of the Everlasting Names* (Philadelphia: Fortress Press, 1998); *The Dethronement of Sabaot: Studies in the Shem and Kabod Theologies* (Lund, Sweden: CWK Gleerup, 1982); Mark Smith, *The Early History of God: Yahweh and Other Deities in Ancient Israel* (San Francisco: Haper and Row, 1990).

La explicación de la fórmula larga de las cuatro consonantes —*YHWH*—constituye la tercera teoría. El nombre divino se fundamenta en una forma de imperfecto de la raíz verbal *hwh*. Si se relaciona esa raíz con la palabra árabe, «soplar», se puede indicar que Yahvé o el SEÑOR es «Dios de las tormentas». Si, por el contrario, la raíz se asocia con el verbo «caer», entonces el nombre divino puede aludir al «Dios de los truenos o relámpagos». Ambas interpretaciones se pueden relacionar fácilmente con el Dios que se manifestó a Moisés en el monte Sinaí.

Inclusive, la raíz hebrea «hwh», que también significa «ser», «existir» y «acontecer», puede servir de base para interpretar el nombre divino.[34] Según algunos intérpretes, la repetición del verbo hebreo en Éxodo 3:14-15 refuerza su significado básico y le da a la expresión mayor intensidad. El nombre, según esta percepción, puede significar: «yo soy el que existe realmente» o «yo soy el que estaré con ustedes siempre». Aunque, de acuerdo con el contexto del pasaje, la revelación del nombre divino a Moisés también puede ser interpretada como una expresión evasiva, para significar: «yo no doy a conocer mi nombre porque ninguna palabra puede expresar lo que verdaderamente yo soy».

El nombre personal de Dios, Yahvé, Jehová o el SEÑOR, no debe interpretarse únicamente fundamentado en el análisis lingüístico. A ese importante y necesario estudio debemos añadir la reflexión crítica en torno a las porciones bíblicas que pueden arrojar luz en los diversos niveles de su significado.

La repetición de la frase «Yo soy» le brinda al nombre divino un sentido adicional de autoridad y poder especial. Esta revelación pone de relieve la libertad y la soberanía divina. «Yo soy», en ese sentido, manifiesta un nivel de autorrevelación divina que destaca su particularidad, afirma su capacidad de cumplir

[34] Zimmerli, *op. cit.*, pp. 17-19, Jacob, *op. cit.*, p. 52.

lo que dice, subraya la esencia de la vida, enfatiza el sentido de presencia y manifiesta su capacidad de acompañamiento.

EL DIOS LIBERADOR

El relato de la revelación del nombre divino a Moisés relaciona ese nombre propio de Dios con la experiencia de liberación de Egipto (Éx. 3:1–4:17). Fundamentados en este pasaje bíblico, se relacionan los orígenes del pueblo de Israel con la gesta mosaica. Ese singular proceso de liberación de la esclavitud era absolutamente necesario pues los hebreos estaban sometidos y oprimidos en Egipto, específicamente en los trabajos de construcción de las ciudades de Pitón y Ramsés (Éx. 1:11). Moisés es probablemente un nombre de origen egipcio, que significa «hijo o nacido de...», y que en las narraciones del Éxodo se explica asociándolo a un verbo hebreo que significa «sacar».

En torno a este fundamental evento liberador, en la Biblia se hacen referencias frecuentes, pero en Oseas se le brinda a la experiencia del éxodo una interpretación precisa y concisa.

Pero yo soy el SEÑOR tu Dios
desde que estabas en Egipto.
No conocerás a otro Dios fuera de mí,
ni a otro Salvador que no sea yo.
Oseas 13:4

Del mensaje de Oseas se desprenden dos afirmaciones teológicas importantes. La primera es que el Dios bíblico no tolera otra divinidad junto a él, que es una enseñanza que se fundamenta en el decálogo y se corrobora continuamente en las leyes del pueblo y en el mensaje de los profetas. El amor intenso de Dios hacia su pueblo no acepta una lealtad parcial o dividida, ni resiste la rivalidad con otros dioses ni objetos de culto.

La segunda afirmación de importancia teológica del mensaje de Oseas es la que deseamos destacar en nuestro estudio: el Señor es el Dios de Israel a partir de la experiencia de liberación de Egipto. Aunque las narraciones bíblicas utilizan el nombre propio de Dios con antelación en varios pasajes de Génesis (p. ej., 4:26; 17:1),[35] la relación íntima de Israel y el Señor se produce a partir de una serie de eventos históricos significativos,[36] entre los que se encuentran: el llamamiento de Moisés, los signos y prodigios que propiciaron la salida de los israelitas de Egipto, el peregrinar por el desierto, el paso por el mar Rojo (o mar de las Cañas) y la revelación del decálogo en el monte Sinaí.

Esos eventos significativos fueron teológicamente interpretados en repetidas ocasiones para dar sentido de identidad, orientación y seguridad al pueblo: p. ej., en las confesiones y recuentos históricos de los campesinos (Dt. 26:5-10), en las enseñanzas de los padres a sus hijos (Dt. 6:20-25), en las asambleas nacionales (Jos. 24), en los cultos y liturgias (Sal. 136), en las regulaciones legales y sacerdotales (Lv. 22:23; 25:55) y en el mensaje desafiante de los profetas (Ez. 20; 23; Is. 51).

Fundamentados en un análisis semántico del nombre propio de Dios, *YHVH*, y en la exégesis de los pasajes del éxodo de

[35] El nombre de Yahvé se ha incluido en varias porciones de Génesis para relacionar la historia primitiva del pueblo con la divinidad que se le reveló posteriormente a Moisés. Ese proceso de redacción de la historia revela las prioridades teológicas de las personas que compilaron y editaron estas narraciones, que eran importantes pues le brindaban al pueblo sentido de identidad, y seguridad nacional y personal. Zimmerli, *op. cit.*, pp. 16-17; Jacob, *op. cit.*, p. 53; von Rad, *op. cit.*, pp. 30-34.

[36] Aunque estoy consciente de las dificultades históricas e interpretativas que los relatos del éxodo presentan para el estudioso de la Biblia, mi interés es analizar las implicaciones teológicas de los relatos, según el texto canónico. No es mi propósito evaluar ni presentar el estado de las investigaciones críticas en torno a la historicidad de las narraciones, que es una labor importante y necesaria para el historiador o para el estudioso de las religiones comparadas. Para evaluar los problemas críticos de los relatos de la liberación de Egipto, ver J. Bright, *op. cit.*, y Herrmann, *op. cit.*

Egipto, se pueden descubrir una serie importante de implicaciones teológicas. Estas implicaciones, unidas a las afirmaciones teológicas en torno al Dios vivo, ponen de manifiesto varias características destacadas de la divinidad veterotestamentaria.[37]

1. Es evidente que la narración de la revelación del nombre y de los oráculos proféticos que interpretan los acontecimientos del éxodo de Egipto se desprende que la existencia misma y la vida del Señor, y ciertamente se pone claramente de manifiesto su relación con el pueblo de Israel. El Dios bíblico no vive en el vacío, sin interacción ni diálogo; se relaciona íntimamente con un pueblo, Israel, y esa experiencia de comunidad y revelación social sienta adecuadamente las bases para la manifestación divina al resto de la humanidad.

2. En el centro de la reflexión teológica del pueblo de Israel se encuentra la liberación de Egipto y narraciones del éxodo. Esa experiencia de salida revela que el Señor está muy interesado en responder al clamor de la gente oprimida, cautiva y en necesidad. Esa característica liberadora de Dios se convirtió en una categoría interpretativa prioritaria que sirvió de ejemplo para el posterior desarrollo teológico del pueblo.

3. La reflexión en torno a la revelación del nombre divino relacionó la salida de Egipto con el acompañamiento divino a través del desierto. El Señor manifiesta su vida a través de su continua presencia al

[37] En torno a estas implicaciones teológicas de las narraciones de la revelación del nombre divino, ver a Zimmerli, *op. cit.*, pp. 22-25.

lado del pueblo en sus peregrinares y vicisitudes por el Sinaí. Sus revelaciones en el desierto confirman su compromiso no solo con la liberación, sino también con la llegada a la tierra prometida; es decir, la intervención de Dios en Egipto, según el testimonio bíblico, es el cumplimiento de la promesa hecha a los patriarcas y matriarcas de Israel que le daría un lugar especial, una «tierra prometida». ¡El Dios bíblico cumple sus promesas!

4. La confesión de que el Señor es el Dios de Israel desde que lo liberó de Egipto es también la vinculación estrecha de la historia con la teología. La reflexión teológica de Israel se fundamenta en experiencias reales y en eventos históricos. La interpretación de la historia es el fundamento de la teología, que no puede basarse en especulaciones irreales ni en situaciones hipotéticas. La teología bíblica que se manifiesta en la Escritura está estrechamente ligada a los acontecimientos que tiene implicaciones reales y significación particular para la comunidad. La relación entre la historia y la teología es íntima. La teología que se fundamenta en la realidad y la historia es pertinente y contextual.

5. El Señor se dio a conocer como el liberador de una comunidad pequeña que salió de Egipto, a la que posteriormente se unieron grupos que estaban en el desierto y comunidades que ya habitaban en Canaán. La confesión de fe que identifica a «todo Israel» en el período de salida de Egipto es una magnífica lectura teológica de la historia nacional, que entiende la revelación original de Dios como un

paradigma que tiene implicaciones para el futuro. Las narraciones bíblicas releen la historia desde la perspectiva de la fe no solo para interpretar las experiencias históricas inmediatas, sino además para actualizar su comprensión de la historia nacional.

6. El relato del nombre divino pone de relieve también las dimensiones políticas de la fe. El Señor se relacionó con un grupo particular y específico que vivía en un entorno político preciso y social concreto. No respetó Dios las leyes de Egipto ni se amedrentó ante las amenazas de faraón para apoyar el proceso de liberación de los israelitas, pues estaba comprometido con la causa de la gente en cautiverio. Esa particular relación política con el pueblo se manifiesta en expresiones simbólicas tales como: «Israel es su propiedad exclusiva» (Éx. 19:5), y «El Señor ha adquirido a su pueblo» (Sal. 74:2).

SEÑOR DE LOS EJÉRCITOS

Relacionado íntimamente con el nombre propio de Dios, se incluye en la Biblia una designación particular que debemos ponderar y explicar con detenimiento y cuidado: *YHVH Tsebaot*, nombre que ha sido traducido como Yahvé, Jehová o SEÑOR Dios de los ejércitos o simplemente como Señor de los ejércitos.[38] La referencia a este nombre divino se presenta claramente en el mensaje de Oseas:

[38] Ver a Jacob, *op. cit.*, pp. 57-58; Zimmerli, *op. cit.*, pp. 82-84; Eichrodt, *op. cit.*, pp. 176-178; von Rad, *op. cit.*, p. 43.

¡Habló con el SEÑOR, Dios Todopoderoso,
cuyo nombre es el SEÑOR!
Oseas 12:5

Este nuevo y particular nombre de Dios aparece con bastante frecuencia en el Antiguo Testamento y merece un tratamiento independiente y particular. Posiblemente por su antigüedad histórica y complejidad lingüística, no es posible descubrir ni explicar la amplitud y totalidad de los diferentes niveles de sentido ni las reacciones que inspiraba su invocación a través de la historia de Israel. Sin embargo, el estudio contextual del término[39] puede ser útil en el proceso.

El singular nombre *Yahvé Tsebaot*, Jehová de los ejércitos o el Señor Todopoderoso, aparece como 279 veces en el Antiguo Testamento.[40] Sin embargo, esa alta frecuencia no se distribuye de forma equitativa en la Escritura: no se incluye este nombre desde Génesis hasta Jueces. En los Libros de Samuel y de los Reyes se utiliza solo en 19 ocasiones; entre los profetas es un término muy frecuente —p. ej., 54 en Isaías 1–39, y 6 en Isaías 40–66; 77 en Jeremías; 10 en Amós; 14 en Hageo, y 44 en Zacarías 1–8; y en el Libro de Salmos se incorpora en las alabanzas y liturgias del pueblo en 15 ocasiones.

Se pone de manifiesto de la presentación estadística que el uso de este particular nombre divino está íntimamente ligado al período profético. También es importante reconocer que una variante más larga del nombre se ha traducido como: el Señor Dios de los ejércitos (ver Os. 12:5; Am. 3:13; 6:14; 2 S. 5:10; 1 R. 19:10; Jer. 5:14; Sal. 89:8).

---

[39] El nombre «tsebaot» en hebreo puede ser lingüísticamente entendido como la forma intensiva de un plural abstracto; según esta interpretación el término se debe entender como «potencia», que atribuido a la divinidad podría significar el Dios poderoso; von Rad, *op. cit.*, p. 43.

[40] Seguimos aquí las estadísticas de Jacob, *op. cit.*, p. 57.

Las preguntas fundamentales al intentar entender este nombre divino son las siguientes: ¿de qué ejércitos el Señor es jefe? O, ¿a qué milicia específica se refiere el término «tsebaot»? Las respuestas a estos interrogantes tienen tres posibilidades. Puede referirse, «tsebaot», a los ejércitos del pueblo de Israel; el término puede aludir, además, al «ejército» de las estrellas, como también puede ser una referencia a los «ejércitos» de los espíritus y de los ángeles que se pensaba guiaban a los astros del cielo.

En los libros históricos la referencia al Dios *Tsebaot* se encuentra íntimamente relacionada al arca del pacto (2 S. 6:2, 17; 7:2, 8, 26-27; 1 Cr. 17:7).[41] El arca, en esa importante época de la historia nacional, se relacionaba prioritariamente con los ejércitos de Israel dispuestos para la batalla; se asociaba fundamentalmente con la dinámica militar y con las guerras. Este particular nombre de Dios, desde esta perspectiva sociológica, puede ser una clara referencia a que el Señor era el líder de los ejércitos del pueblo de Israel, percepción teológica y militar que era común en la antigüedad.

Que el término se encuentre con mayor frecuencia en la literatura profética puede ser un indicador importante en el proceso de descubrir el sentido de la expresión. Esos períodos proféticos se caracterizaron, entre otros factores, por el encuentro del monoteísmo israelita con el politeísmo babilónico. En ese contexto, particularmente en la época exílica y postexílica, en las cuales Israel no tenía ejércitos nacionales para enfrentar a

[41] El arca del pacto también era concebida en Israel como el trono visible de Yahvé. Para fundamentar esta convicción, se puede hacer referencia a las analogías con el mundo griego de la época, donde se veneraban los tronos vacíos de los dioses, y a varios pasajes bíblicos que apuntan hacia esta dirección exegética; p. ej., Jer. 3:16-17; Sal. 99:5; 132; Is. 6; Ez. 43:7. El arca también era un cofre, que infiere la idea que debía tener algún tipo de contenido en su interior. Según el testimonio bíblico, contenía: las tablas de la ley (Éx. 40:20; 1 R. 8:9), la vara de Aarón (Nm. 17:4) y el maná (Éx. 16:33-34). Zimmerli, *op. cit.*, pp. 82-83.

sus enemigos, los profetas revisaron el contenido de la expresión «tsebaot» para referirlo a las estrellas de los cielos, que eran adoradas como divinidades en las culturas politeístas. De esta forma los profetas pasaron la interpretación común de la expresión del plano militar humano a la esfera teológica y simbólica, al mundo politeísta.

Yahvé Tsebaot, o SEÑOR de los ejércitos es el nombre, según esta percepción del término, que indica que el Dios bíblico es el jefe absoluto de todo lo creado, incluyendo al cosmos. Los profetas tomaron de esta forma el lenguaje guerrero, que era poco pertinente durante el período exílico, y lo utilizaron con creatividad en una época en la cual la milicia nacional no tenía mucha significación, pero que las luchas teológicas contra una cultura politeísta eran una prioridad existencial.

En ese entorno exílico también es posible que los profetas hayan interpretado el término «tsebaot» como una referencia a los espíritus que en las culturas politeístas se pensaba que animaban a los astros. Ante esas percepciones teológicas, *Yahvé Tsebaot* significa que el Dios bíblico es Señor del cielo y de todas las estrellas que están en los cielos. El nombre pone de relieve nuevamente la soberanía divina, que ya se ha manifestado en los otros nombres de Dios: El y Yahvé o Jehová.

DIOS COMO REY

Una manifestación clara y contundente de la soberanía divina se revela en el continuo uso de imágenes reales que se relacionan con Dios. Estas imágenes demuestran que el pueblo de Israel recibió la influencia del pensamiento sociopolítico de las culturas de la época, y subraya el hecho de que los escritores bíblicos pensaban en las intervenciones divinas en categorías concretas, en formas reales y en maneras políticas. En torno a Dios, Israel siempre relacionó su naturaleza y poder con asuntos de política y autoridad. De esta forma se percibe a Dios como rey,[42] como monarca cuya función principal es establecer un tipo de gobierno que ponga de manifiesto los principios espirituales, éticos y morales que se desprenden de su naturaleza santa.

Referente a esta teología, Isaías, en medio de una teofanía extraordinaria, exclama: «Han visto mis ojos al rey, Jehová de los ejércitos» (Is. 6:5). El profeta contempla lo inefable, articula lo indescriptible, reacciona a lo extraordinario de la revelación divina. Contempla al Señor como un rey en su trono: está rodeado de criaturas que le sirven, su presencia produce respeto, admiración y temor, su intervención genera temblores y humo, y su propósito principal se pone claramente de manifiesto en el diálogo divino-humano: comisionar a un mensajero, llamar a un profeta (Is. 6:1-13).

Según el testimonio bíblico, el reinado del Señor tiene dos funciones básicas en Israel. En primer lugar, era una manera de relativizar los gobiernos y las monarquías terrenales. Desde la perspectiva teológica, que Dios sea rey indica que los monarcas humanos se deben a esa autoridad superior. Es una manera de afirmar que los poderes reales no son absolutos, y que los imperios terrenales obtienen su poder del Señor.[43] Era una forma de poner de manifiesto la soberanía divina, que no estaba cautiva dentro de las fronteras de Israel (Éx. 15:1-18; Dn. 4). ¡El poder de gobernar pertenece a Dios!

---

[42] Para comprender adecuadamente estas importantes imágenes de Dios como rey, ver a Brueggemann, *op. cit.*, pp. 238-241; Jacob, *op. cit.*, pp. 62-64; Eichrodt, *op. cit.*, pp. 179-183; y Zimmerli, *op. cit.*, pp. 41-43.

[43] Esta percepción teológica de la hegemonía y la soberanía de Dios se revela no solo en relación con los reyes de Israel y Judá, sino entre los monarcas paganos, como se demuestra en la liberación de Egipto, cuando se desestabilizó el gobierno del faraón, y en un pasaje interesante del Libro de Daniel, en el cual se desautoriza el poder y la autoridad de Nabucodonosor (Dn. 4); Brueggemann, *op. cit.*, pp. 239-240.

La imagen del Señor como rey también pone en evidencia una percepción importante de la teología bíblica: la generosidad, la justicia y el apoyo a las personas más necesitadas de la sociedad. El Dios que es rey se preocupa por manifestar su misericordia y amor hacia los sectores más desposeídos y marginados de la sociedad. Ese reinado divino tiene como prioridad contribuir a la restauración y a la rehabilitación de las personas que manifiestan más necesidad en la sociedad (Dt. 10:18; Sal. 145).

Capítulo 2

EL DIOS DE LA PROMESA

Yo soy el Dios de tu padre.
Soy el Dios de Abraham, de Isaac y de Jacob.
Al oír esto, Moisés se cubrió el rostro,
pues tuvo miedo de mirar a Dios.
Éxodo 3:6

Además, Dios le dijo a Moisés:
—Diles esto a los israelitas:
«El SEÑOR, el Dios de sus antepasados,
el Dios de Abraham, de Isaac y de Jacob,
me ha enviado a ustedes.
Este es mi nombre eterno;
este es mi nombre por todas las generaciones».
Éxodo 3:15

LA REVELACIÓN DE *EL-SHADDAY*

La revelación extraordinaria de Dios a Moisés (Éx. 3:1-15) relaciona directamente el nombre propio divino, Yahvé el SEÑOR o Jehová, con el Dios de los antepasados de Israel. Ese importante relato teofánico pone relieve un hecho fundamental, subraya una información trascendental para el estudio avanzado de la teología bíblica: antes de que el pueblo de Israel adorara a Dios con su nombre propio, sus antepasados participaron de experiencias religiosas significativas y tuvieron contactos importantes con esa divinidad de forma sistemática, frecuente y transformadora.

Las Sagradas Escrituras se preocupan por identificar, transmitir y afirmar la naturaleza y extensión de las experiencias y enseñanzas religiosas que los antepasados de Israel tuvieron, pues esas narraciones sentaron firmemente las bases del desarrollo teológico integral del pueblo. Con la revelación del nombre de Dios a Moisés en el desierto se empalman las narraciones del éxodo con la de los antepasados de Israel, para brindar a la teología bíblica sentido de continuidad, progresión, desarrollo y cohesión.

La variedad y pluralidad de las narraciones patriarcales sobre los nombres de Dios es un índice claro de las diversas formas en la que los escritores bíblicos deseaban explicar el origen del nombre divino. Según algunos relatos del Pentateuco,[44] fue durante los días de Enoc que comenzó a invocarse el nombre de Yahvé o Jehová (Gn. 4:26). Posiblemente, como el nombre «Enoc», así como el de «Adán», significan en hebreo «hombre» —o mejor, ser humano—, esta referencia puede ser un buen indicador de que el escritor bíblico deseaba subrayar, afirmar y celebrar que desde los mismos comienzos del mundo y de la historia el nombre divino era conocido, reconocido, apreciado e invocado. Se une, de esa forma literaria y teológica, la historia del pueblo de Israel con los relatos primigenios del origen de la humanidad.

Entre los importantes relatos patriarcales del Pentateuco, uno merece atención especial, reclama nuestro estudio sobrio,

[44] Los estudios del Pentateuco ponen en evidencia la importancia y la cohesión teológica de los documentos del Génesis, particularmente del propósito kerigmático de la llamada «historia primigenia» (Gn. 1–11). El análisis detallado de las narraciones y poemas de esta importante sección bíblica pone en clara evidencia el carácter fundamental y eminentemente teológico de los documentos, e identifica también sus prioridades. Referente a esos estudios teológicos, podemos mencionar, entre otras, particularmente las obras de Westermann, *Creation* (Philadelphia: Fortress Press, 1971): «Creation and History in the Old Testament» en Vilmos Vajta, ed., *The Gospel and Human Destiny the Patriarchal Narratives* (Philadelphia: Fortress Press, 1980).

decidido y ponderado. Aunque generalmente en esos pasajes bíblicos de los antepasados de Israel se identifica a Dios con su nombre genérico, «Elohim», en Génesis 17 se presenta la revelación divina de Abraham con el particular y específico nombre de *El-Shadday* (Gn. 17:1), que tradicionalmente se ha traducido como «todopoderoso» u «omnipotente», aunque posiblemente su significado original fue «de la montaña».[45]

Cuando Abram tenía noventa y nueve años,
el SEÑOR se le apareció y le dijo:
—Yo soy el Dios Todopoderoso [El-Shadday].
Vive en mi presencia y sé intachable.
Así confirmaré mi pacto contigo,
y multiplicaré tu descendencia en gran manera.
Génesis 17:1-2

En esta particular y extraordinaria revelación de *El-Shadday*, se relaciona claramente ese nombre divino con la promesa hecha a Abraham de tener una descendencia numerosa (ver Gn. 28:3; 35:11; 48:3; Éx. 6:3).[46] Además, se indica que el patriarca ya estaba entrado en años, y que Dios establecería un tipo de pacto o alianza con él. El contexto general de la narración es revelador e importante: la imposibilidad del patriarca de tener una descendencia numerosa, pues ya era un anciano; además se reclama su consagración y fidelidad. Se contrapone en el relato la promesa divina al patriarca y su condición de anciano que imposibilitaba su cumplimiento.

Fundamentado en esta narración de Génesis, en el Libro del Éxodo posteriormente se indica:

---

[45] Von Rad. *op. cit.*, pp. 32-42; Zimmerli, *op. cit.*, pp. 16-18.

[46] Este relato pone de manifiesto detalles importantes del Pacto o Alianza que Dios estableció con Abraham: repite la promesa de una descendencia y una tierra (vv. 4-6); y, además, incorpora una relación perdurable que permita que su familia adore a Dios (v. 7). La señal del Pacto es la circuncisión (Gn. 17:1-17).

En otra ocasión, Dios habló con Moisés y le dijo:
«Yo soy el SEÑOR [YHVH].
Me aparecí a Abraham, a Isaac y a Jacob
bajo el nombre de Dios Todopoderoso [El-Shadday],
pero no les revelé mi verdadero nombre,
que es el SEÑOR.
Éxodo 6:2-3

De esa forma literaria y teológica se unen los nombres de *El-Shadday* y Yahvé o Jehová a las narraciones del Dios de los patriarcas o antepasados. Así se van hilvanando de manera paulatina los relatos teológicos del Pentateuco para construir una historia completa y continua, que puede relacionar efectivamente las diferentes manifestaciones y revelaciones de los nombres del Dios de Israel, al mismo tiempo que se afirma la historia nacional.

La historia de las relaciones de Yahvé o Jehová con el pueblo de Israel se inicia oficialmente, y con una gran conciencia teológica, en la época mosaica, según Éxodo 3:1-15. Sin embargo, para obtener una comprensión teológica amplia y adecuada de los comienzos del pueblo de Israel debemos estudiar detenidamente a Génesis 12, que presenta un relato de importancia capital para nuestro análisis. Aunque en esos tiempos de Abraham no existía todavía el grupo social, religioso y político que posteriormente se constituyó en Israel, en efecto, esa generación patriarcal incluía a los antepasados del pueblo.[47] Inclusive, a uno de esos antepasados, Jacob, de acuerdo con el testimonio bíblico (Gn. 32:28; 35:10), se le cambió el nombre a Israel, con el claro propósito de unir las narraciones patriarcales con los orígenes del pueblo de Israel. Esos antepasados tienen mucho que ver con el Dios que posteriormente sería adorado

[47] Ver a Bright, *op. cit.*

con el nombre de Yahvé o Jehová, pues ponen de manifiesto la prehistoria del pueblo de Israel.

EL DIOS DE LOS ANTEPASADOS

La frase bíblica común y estereotipada «Dios de Abraham, de Jacob y de Israel» es testigo de un tipo de divinidad nómada que se relacionaba con un líder de los clanes o grupos familiares y sociales antiguos. Esa fórmula, que se repite con frecuencia en las narraciones del Génesis, es evidencia de que los antepasados de Israel se referían a la divinidad con el apelativo «Dios de los padres»,[48] antes de conocer explícitamente el nombre de Yahvé o Jehová.

El resultado de las investigaciones de la religión de los patriarcas y matriarcas de Israel revelan que existieron, por lo menos, tres modalidades de esa divinidad premosaica.[49] Junto al

[48] Los estudios en torno a la religión de los patriarcas apuntan hacia un tipo de experiencia nomádica, en la cual la divinidad se relacionaba no tanto con lugares específicos o con grupo precisos, sino con algún antepasado distinguido. La comprensión de esta manifestación religiosa ha aumentado gracias a los muchos paralelos que han descubierto en las inscripciones nabateas que, aunque son históricamente un tanto tardías, arrojan gran luz sobre la dinámica de las relaciones entre este tipo de divinidad y el antepasado aludido. En nuestro estudio no estamos interesados en analizar y explicar los detalles fundamentales y las características básicas de esta religión premosaica, ni tampoco deseamos revisar la historicidad de las tradiciones patriarcales; la finalidad específica de esta sección es explicar las contribuciones de estos relatos a la teología que se articula sobre Dios en las Escrituras de Israel, particularmente en el Pentateuco. Respecto a la religión de los antepasados y en torno al estado actual de las investigaciones sobre el tema, ver los importantes comentarios y la evaluación crítica de Brueggemann, *op. cit.*, pp. 20-27, 166-169. La obra clásica que estudia este importante asunto, sin embargo, es la de A. Alt, «The God of the Fathers». *Essays on Old Testament History and Religion* (Oxford: Blackwell, 1966. Pp. 1-77), que influenció decisiva y significativamente los estudios de von Rad, *op. cit.*, y los de Juegen Moltmann, *Theology of Hope: On the Ground and the Implications of Christian Eschatology* (Minneapolis: Fortress Press, 1993).

[49] Algunos estudiosos piensan en cuatro divinidades al incluir «el Dios de Israel»: Zimmerli, *op. cit.*, p 27. Además, si se toman en consideración las

«Dios de Abraham», se pueden identificar también «el Dios de Isaac», también conocido como «Terror de Isaac» o «Pariente de Isaac» (Gn. 31:42, 53), y el «Dios de Jacob», cuyo nombre cúltico era «el Fuerte de Jacob» (Gn. 49:24). Estas formas de identificar la divinidad, con el paso del tiempo y con la unión de los diferentes grupos nómadas, se unieron en la precepción del pueblo y en los relatos bíblicos para establecer la forma larda de «Dios de Abraham, de Isaac y de Jacob».

Una de las implicaciones teológicas más importantes de estas narraciones —que ciertamente es muy útil para nuestro estudio del concepto de Dios— se relaciona con el hecho de que se enmarcan en el entorno de una promesa divina fundamental. Esa promesa era el valor extraordinario que hacía que el patriarca y su familia respondieran positivamente al llamado divino y emprendieran un peregrinar nomádico al futuro. La promesa divina fue el factor indispensable, desde el punto de vista teológico, que motivó las decisiones de salida y los movimientos nómadas de los patriarcas por el mundo antiguo.[50]

La narración del llamado de Abraham (o Abram)[51] y de la promesa a los patriarcas se articula de la siguiente forma:

---

analogías con las divinidades asirias, en el mundo antiguo posiblemente se extendió bastante la adoración de una quinta divinidad conocida como «el Dios padre»,

[50] Las explicaciones sociológicas y políticas del origen de estos viajes por el mundo antiguo son varias; p. ej., las crisis económicas y las transiciones políticas en Mesopotamia; ver J. Brigth, *op. cit.*

[51] Tanto Abram como Abraham son variantes dialectales del mismo nombre, que significa «padre enaltecido». La explicación que se brinda en la Escritura para justificar el cambio en la grafía del nombre (Gn. 17:5) en el patriarca es que la forma más extensa tiene un sonido semejante a las palabras hebreas que significan «padre de multitudes», que enfatiza el cumplimiento de la promesa, e incluye la paternidad de naciones y de reyes. El relato bíblico de esta forma lingüística que la bendición de Abraham le llevó a ser líder de naciones y reinos. Esa es una manera de relacionar la historia patriarcal con el resto de la historia de Israel, hasta llegar a la monarquía.

El SEÑOR le dijo a Abram:
«Deja tu tierra, tus parientes y la casa de tu padre,
y vete a la tierra que te mostraré.
Haré de ti una nación grande, y te bendeciré;
haré famoso tu nombre, y serás una bendición.
Bendeciré a los que te bendigan
y maldeciré a los que te maldigan;
¡por medio de ti serán bendecidas
todas las familias de la tierra!».
Génesis 12:1-3

Esa promesa divina, sin embargo, no era hipotética, ideal, especulativa, espiritual, interior, esotérica, imaginaria o intangible; se trataba de algo concreto, real, palpable, verificable, exterior, tangible. El gran objetivo divino, según los testimonios bíblicos, era darle a Abraham una gran descendencia, para así sentar adecuadamente las bases históricas y teológicas necesarias para relatar posteriormente la formación de una nación: el pueblo de Israel. Una descendencia extensa y numerosa, que incluyera monarcas, adelantaba y aseguraba la posibilidad de establecer posteriormente una nación.

Unida a la promesa divina de «haré de ti una nación grande…» (Gn. 12:2a), se incorpora un segundo elemento esencial teológico: «… te bendeciré; haré famoso tu nombre, y serás una bendición» (Gn. 12:2b). El nombre grande se relaciona con la idea de honor y prestigio, que es una manera de poner de relieve la importancia del reconocimiento del resto de las naciones. Posteriormente, en otras narraciones patriarcales se revelan implicaciones nuevas de la misma promesa (Gn. 17:16), pues se indica que de la esposa del patriarca nacerán reyes, que pone de manifiesto las implicaciones políticas y la prominencia de la promesa divina.

Un tercer componente fundamental de la promesa de Dios a Abraham es digno de mencionar por su importancia teológica e histórica: Dios le llevará «… a la tierra que yo te mostraré» (Gn. 12:1b, SP). Este aspecto de la promesa, además de ser importante por las implicaciones teológicas, geográficas, sociales y políticas de la tierra en la literatura bíblica, comienza en la primera revelación de Dios a Abraham. Según la Escritura, el inicio del concepto de «tierra prometida», y la teología relacionada con esa idea, nace en la manifestación de Dios al patriarca, que posteriormente se concretiza con la experiencia de liberación del éxodo, la unión de los grupos en Canaán y la institución de la monarquía, y el resto de las estructuras políticas que facilitaban la administración pública (ver también Gn. 12:7; 13:14-17).

A esas promesas claramente físicas y reales, se añade el elemento moral, ético, teológico y espiritual: «ser bendición para los pueblos». En el mismo contexto vocacional de las narraciones de los patriarcas y las matriarcas de Israel, se incluye una muy importante idea universalista: ser de bendición, ayuda y apoyo al resto de las naciones del mundo. Se manifiesta de manera destacada, en este breve relato, el concepto de solidaridad. Específicamente en solo dos versículos (vv. 2-3), se incluye la raíz del verbo «bendecir» en cinco ocasiones: «te bendeciré», «serás bendición», «bendeciré a los que te bendigan» y «serán benditas».

Esa peculiaridad lingüística de la narración, que utiliza como tema clave la repetición de la idea de ser «bendición», puede ser un indicador de la importancia teológica del concepto de promesa y de lo fundamental de la intervención divina para que el pueblo vea el cumplimiento de la revelación de Dios. A través de Abraham, Dios desea llegar a toda la humanidad (Gn. 17:7) y superar la maldición que la desobediencia humana había introducido en el mundo. Desde las primeras narraciones del llamamiento de Abraham se revela un concepto de Dios grato, amoroso, solidario y misericordioso, que está muy interesado en llegar no solo a la comunidad de Israel, sino también de bendecir al resto de la humanidad.

Las narraciones que presentan la vida de los patriarcas y las matriarcas, y que también incluyen sus vicisitudes y problemas, constituyen un tema teológico prioritario en el Antiguo Testamento. En el recuento de los asuntos patriarcales, y también en la exposición detallada de las dinámicas familiares que se incluyen en el Pentateuco, se ponen en clara evidencia sus imperfecciones, dolores, fallas, problemas, desobediencias, inconsistencias y obstáculos. De esta forma los temas de la fidelidad e infidelidad adquieren carácter prioritario en la teología bíblica y se incorporan como asunto fundamental y prioritario en las narraciones escriturales. La verdadera humanidad de los patriarcas y matriarcas de Israel se revela, y se presenta la esencia misma de un Dios amoroso y solidario, que está continuamente preocupado por bendecir a la humanidad.

UN DIOS QUE PROMETE

Un detalle importante en el estudio de las promesas de Dios a los patriarcas se relaciona con los verbos hebreos que se utilizan para describir esos compromisos divinos.[52] En efecto, se usan raíces verbales que pintan una figura poderosa que es capaz de producir cambios sustanciales y generar movimientos transformadores.

Y le dijo: —Como has hecho esto,
y no me has negado a tu único hijo,
juro por mí mismo —afirma el SEÑOR—
que te bendeciré en gran manera,
y que multiplicaré tu descendencia
como las estrellas del cielo y como la arena del mar.
Además, tus descendientes conquistarán

[52] Ver en este sentido el buen análisis en torno a este tema de Brueggemann, *op. cit.*, pp. 164-173

las ciudades de sus enemigos.
Génesis 22:16-17

Las palabras que le dan la razón de ser y sustancia al verbo que se traduce como «he jurado» —o como «prometo solemnemente o bajo juramento»—, en este contexto son «multiplicar» y «bendecir». La promesa y el compromiso de Dios se relacionan con algún regalo divino o con alguna bendición particular. En este relato específico, como Abraham no escatimó en ofrecerle su único hijo como sacrificio último, Dios evita el holocausto y se compromete firme y fielmente a bendecirlo y darle una descendencia numerosa. Dios mismo jura bendecir a Abraham, y repite de esta forma las promesas hechas anteriormente. El juramento divino le impele a confirmar sus promesas, y también a expandirlas: la descendencia del patriarca será como las estrellas y la arena, incontables, y se añade que les dará poder para vencer a sus enemigos. La promesa de Dios es repetida, revalidada, actualizada y expandida.

Se revela nuevamente en esta narración el estilo del Pentateuco de repetir y confirmar las promesas divinas, y se pone de manifiesto el interés teológico de esta sección de la Biblia: presentar a un Dios que tiene la capacidad y el deseo de comunicarse con la humanidad y entablar diálogos significativos y transformadores con la gente. En esas conversaciones se manifiesta el Dios de las promesas, que utiliza como fórmula pedagógica la repetición y reiteración para transmitir sus enseñanzas y afirmar su voluntad.

Posteriormente las promesas divinas se pasan de Abraham a Isaac, y de Isaac a Jacob, para mantener viva la confianza del pueblo en esa importante revelación de Dios. También, en anticipación al acontecimiento de éxodo, las promesas se hacen a los hijos e hijas de Israel (Éx. 2:24; 3:7, 16; 6:3-8; 33:1), se incorporan como fundamento de la Torá (Dt. 1:8; 6:10; 29:13), e inclusive se utilizan para generar esperanza y sentido de identidad nacional durante el período exílico (Is. 43:1; 54:2; 63:16; Ez. 33:24; Mi. 7:20).

Esa teología del Dios que promete continúa y se desarrolla aún más en otras secciones de la Escritura. Ese estilo de Dios se manifiesta también en las narraciones en torno a David, a quien se le promete que su casa y su reino permanecerán para siempre (2 S. 7:15-16). Además, en los oráculos proféticos, se revelan nuevas promesas: p. ej., el establecimiento futuro de una nueva ciudad de paz en Jerusalén (Is. 2:2-4; Miq. 4:1-5); y un tipo novel de rey que practique la justicia e implante la paz (Is. 11:1-5). Específicamente durante el exilio en Babilonia se desarrolló aún más esa característica teológica del Dios que promete: «Yo seré tu Dios, y ustedes serán mi pueblo» (Jer. 11:4; 24:7; 30:22; Ez. 11:20; 14:11; 37:23).

IMPORTANCIA DE LA PROMESA DIVINA

Para los propósitos de nuestro estudio, es menester identificar las implicaciones teológicas de las promesas de Dios a Abraham. Específicamente nos interesa descubrir la importancia de ese concepto del Dios que promete, que posteriormente se desarrolla y manifiesta en otras narraciones a Moisés, a los reyes, a los profetas y a los sacerdotes.

1. La primera implicación se relaciona con el origen del pueblo de Israel. Ese origen, según la promesa hecha a Abraham, no se relaciona con la mitología antigua[53] ni se fundamenta en la lucha de los

[53] Las culturas babilónicas, griegas y egipcias tenían varios relatos mitológicos para explicar la creación del mundo y entender el origen nacional. Estos relatos son respuestas precientíficas a algunas de las grandes y más importantes preguntas existenciales de la humanidad: ¿de dónde venimos? ¿de dónde surge el mundo? ¿cuál es el objetivo último de la existencia? En torno a los relatos mitológicos antiguos. Ver a J. Pritchard, *Ancient Near Eastern Texts Relating to the Old Testament* (Princeton: Princeton University Press, 1955).

dioses. Alude, sin embargo, a una serie de acontecimientos importantes y de experiencias de gran significación para sus antepasados, y que para la comunidad israelita eran concretas, reales e históricas en su percepción de pueblo y nación.

En el entorno de una serie de culturas que explicaban sus orígenes de forma mitológica diferente. El pueblo de Israel, que posteriormente fue liberado por Dios de la esclavitud de Egipto, no surge de la lucha titánica de las divinidades ni es la copia humana de algún modelo celestial divino: de acuerdo con el testimonio bíblico, el origen de Israel se ancla en un relato de llamado a una persona específica, Abraham, a dejar la seguridad y el confort que le brindaba su entorno nacional y familiar, como la tierra y la familia, para comenzar un peregrinar hacia el futuro, únicamente orientado por la esperanza que generaba una promesa.

Esa explicación teológica e histórica de sus orígenes nacionales les permite a los escritores bíblicos explorar posteriormente los temas del peregrinar y de la esperanza. En estas narraciones patriarcales se indica teológicamente lo siguiente: el pueblo de Israel sabe, desde el inicio de su historia como pueblo, lo que es salir al desierto y enfrentar las dificultades y los desafíos de la vida nómada; además, sabe lo que es confiar en una promesa, aunque se interpongan la distancia y el tiempo.

2. Estos relatos patriarcales ponen de relieve el carácter peregrino de Yahvé o Jehová: el Dios bíblico

viaja con su pueblo, lo llama en la ciudad, lo acompaña en el desierto y lo lleva a través de lugares inhóspitos a una tierra segura y próspera. Este tema es fundamental en la teología bíblica, pues se une claramente a las narraciones de la liberación de Egipto y a los relatos del peregrinaje por el desierto.

En las palabras de Dios a Abraham se puede escuchar un eco de la revelación de Dios a Moisés: «Yo soy Jehová, que te saqué de Ur de los caldeos para darte a heredar esta tierra» (Gn. 15:7).[54] Se subraya de esta manera que el Dios bíblico acompaña a su pueblo, con su mano protectora, con su voluntad salvífica, con su deseo de liberación.

3. Los relatos patriarcales también revelan el compromiso que tiene Dios de empeñar su palabra para guiar a su pueblo a una tierra fértil. Una característica de Dios en estos relatos es su capacidad de comunicarse con su pueblo para orientarlos al futuro. No está solo Israel en la existencia, pues le acompaña un Dios que promete, y que cumple sus promesas.

Ese concepto fue básico para el desarrollo de la teología del éxodo, que se fundamenta en el Dios que habla, promete la salida del pueblo de la esclavitud de Egipto y la llegada a una tierra de prosperidad

[54] Ur es posiblemente una de las ciudades más antiguas de Mesopotamia, cerca del golfo Pérsico en la desembocadura del río Eúfrates. Se le conoce como Ur de los caldeos porque posteriormente en la historia (c. 600-539 a. C.) estuvo sometida al dominio de los caldeos, un pueblo semita que hablaba un dialecto arameo.

y paz. La llegada a la tierra prometida no es el resultado del azar histórico, sino el producto del cumplimiento de una promesa, que se inicia en los relatos patriarcales.

4. Un cuarto componente teológico de las narraciones patriarcales se relaciona con el tema de la fidelidad de Dios. De forma sistemática la promesa divina se pasa de generación en generación, según el testimonio bíblico, hasta llegar a la época de Moisés, y de ahí a los mensajes de los profetas. La imagen de un Dios se repite en las alabanzas y se enfatiza en los mandamientos. La fidelidad es un tema teológico prioritario en la Escritura porque revela un componente sustancial del carácter de Dios. Dios es fiel a sus promesas, aunque tenga que superar las imperfecciones y deficiencias humanas.

La Escritura afirma repetidas veces que el Señor es un Dios fiel, pues los conceptos de fidelidad y lealtad son el fundamento de la esperanza de la humanidad, que se caracteriza por la infidelidad. La fidelidad de Dios se pone de manifiesto de forma extraordinaria, posteriormente en la historia, en las promesas hechas a David, que fueron fundamentales, posteriormente en la historia, en la articulación de la teología cristiana, en específico para el desarrollo de la cristología. La fidelidad revela la esencia divina que es capaz de mover la voluntad de Dios a su feliz cumplimiento.

Capítulo 3

EL DIOS CREADOR

Luego bendijo a Abram con estas palabras:
«¡Que el Dios altísimo, creador del cielo y de la tierra,
bendiga a Abram!».
Génesis 14:19

CREADOR DE LOS CIELOS Y DE LA TIERRA

El fundamento teológico del Antiguo Testamento se encuentra en las importantes narraciones sobre la salida del pueblo de Israel de las tierras de Egipto (ver, p. ej., Éx. 3–6). Esos relatos, que ponen de manifiesto las intervenciones liberadoras de Dios en medio de la historia humana, constituyen la base fundamental y el punto principal de orientación para la articulación teológica característica de la literatura bíblica: el Señor se revela en medio de la historia para responder a las necesidades más importantes de la humanidad. Esta destacada y prioritaria afirmación de fe en el Dios del éxodo se ha relacionado, en la misma literatura bíblica, con otras vertientes teológicas para expandir el horizonte del pensamiento religioso veterotestamentario.

Una de las expresiones teológicas de más importancia, que en el Antiguo Testamento se ha relacionado con el éxodo y la liberación de Egipto, es la fundamental y extraordinaria declaración de que el Dios bíblico crea.[55] Esa articulación teológica y convicción religiosa del pueblo es fundamental para la comprensión de la fe de Israel, pues permite la interacción temática y literaria entre las intervenciones liberadoras de Dios en la historia para «crear» el pueblo de Israel —según el Libro de Éxodo—, con la creación del mundo y la humanidad, de acuerdo con los pasajes de Génesis. Se relaciona de forma íntima la historia y la teología; se unen de esta manera los relatos de la salida de Egipto, que señala el origen histórico del pueblo, con las narraciones patriarcales que ponen de relieve el origen teológico de Israel.

La teología de la creación,[56] en efecto, se expone con distinción y se presenta con fuerza en la literatura bíblica. Se alude a ella en pasajes poéticos y proféticos, se afirma en los salmos y en los proverbios, se celebra en la literatura de sabiduría y en porciones históricas, se pone de manifiesto en los relatos de creación de Génesis y se articula elocuentemente hasta en las narraciones patriarcales. Aunque esta expresión teológica no se desarrolla con la extensión y sistematización de la teología del éxodo, constituye una vertiente importante, pues pone de

[55] La relación entre creación y alianza, dos de los temas más importantes en la Biblia, ha sido extensamente analizada por Karl Barth, quien la caracteriza indicando que la alianza o pacto es el propósito último de la creación, mientras que la creación es fundamento externo de la alianza; ver *Dogmática.* III, 1 y Jacob, *op. cit.*, pp. 132-133.

[56] El tema de la creación se presenta y afirma en los primeros pasajes de la Escritura (Gn. 1–2), al igual que en el Credo Cristiano. El propósito teológico es dejar por sentado de forma clara que la creación del mundo no es resultado del azar ni de la lucha entre las divinidades. La finalidad fundamental de esos capítulos es de naturaleza teológica. El Dios bíblico crea y establece el orden para revelar su gloria a la humanidad. La confesión de fe en el Dios creador es una manera teológica de poner de manifiesto el rechazo escritural a los mitos antiguos de creación que se incluían repetidamente en el panteón cananeo. La teología de la creación, particularmente en Gn. 1, presenta a Dios ordenando los elementos, como un arquitecto que crea el ambiente adecuado para la humanidad, es como si deseara construir su casa (ver p. ej., Job 38:4-7); Jacob, *op. cit.*, pp. 132-134.

manifiesto el marco de referencia fundamental para el establecimiento del pacto y la alianza de Dios con su pueblo.

El Dios que se reveló a Moisés en el desierto (Éx. 3:1-5), y que se auto identifica como «Yo soy el que soy» y «Jehová, el Dios de Abraham» (Éx. 3:14-15), se manifiesta a Abram como Dios creador, en un interesante e importante episodio con Melquisedec (Gn. 14:17-24).

De acuerdo con el relato bíblico, luego de sus guerras y victorias contra Quedorlaomer, rey Elam, y contra un grupo de monarcas aliados, para liberar del cautiverio a su pariente Lot, Abram llegó al valle de Save o del Rey, cerca de Jerusalén, donde fue recibido por el rey y sacerdote de la ciudad, llamado Melquisedec.[57] La narración presenta al rey de Salem[58] oficiando una muy interesante ceremonia, para la cual se utiliza el pan y el vino,[59] para bendecir a Abram:

Luego bendijo a Abram con estas palabras:
«¡Que el Dios altísimo [El Elyón],
creador del cielo y de la tierra, bendiga a Abram!

---

[57] El nombre Melquisedec originalmente significaba «Sedec». Era uno de los dioses que los antiguos jebuseos veneraban en Jerusalén, antes de la conquista de la ciudad por Davis (2 S. 5:6-8). Además, es importante notar que la palabra hebrea «sedec» significa justicia, lo que sirvió para interpretar posteriormente el nombre famoso y enigmático monarca como «Rey de justicia» (ver He. 7:2). La Biblia alude a otro rey cananeo de nombre «Adonisedec» (Jos. 10:1), que puede traducirse como «Sedec es mi señor» o «Señor de justicia».

[58] Salem es un nombre antiguo de Jerusalén. En la antigüedad, los soberanos eran al mismo tiempo reyes y sacerdotes, pues entendían la relación íntima y continuidad social, política y religiosa de las responsabilidades públicas.

[59] El uso del pan y el vino en este relato ha movido a los estudiosos cristianos a relacionar a Melquisedec con Cristo, quien se conoce en el Nuevo Testamento como el sumo sacerdote del nuevo pacto (He. 5:6-10; 6:20; ver también Sal. 110). La referencia a que Abram le entregó los diezmos de todo (v. 20b), pone de manifiesto la autoridad que el patriarca bíblico reconoció en el rey y sacerdote de Salem (ver He. 7:4-10); además, sus palabras revelan generosidad y justicia.

¡Bendito sea el Dios altísimo [El Elyón],
que entregó en tus manos a tus enemigos!».
Entonces Abram le dio el diezmo de todo.
Génesis 14:19-20

El Dios Altísimo bendecido en el texto bíblico es *El Elyón*, que era posiblemente la forma antigua de referirse, identificar y reconocer al dios preisraelita que los habitantes de Salem (o Jerusalén, según Sal. 76:2) adoraban y veneraban antes de la conquista de la ciudad por David. Este pasaje bíblico relaciona a la particular divinidad de los habitantes de Jerusalén con Jehová el Dios de los israelitas (Gn. 14:22), para afirmar que Melquisedec y Abram adoraban al mismo Dios, pero con diferentes nombres.

Se indica, además, que esa divinidad era conocida y reconocida por su capacidad de ser «creador de los cielos y de la tierra». Según este pasaje, el Dios del éxodo es también el Dios de Abram que es, en efecto, Dios creador de los cielos y de la tierra. Se une claramente de esta forma literaria la fe en el Dios del éxodo con la teología de la creación.[60] El juramento de Abram es una respuesta teológica definida que integra varios conceptos de Dios en una fórmula monoteísta.

EN EL PRINCIPIO

Las referencias teológicas sobre el éxodo y en torno al Dios liberador que manifestó su poder en medio de las vivencias del

[60] Ver particularmente la respuesta de Abram al rey de Sodoma, en la cual indica: «He jurado a Jehová. Dios Altísimo, creador de los cielos y de la tierra». Se unen de esta manera tres manifestaciones y percepciones teológicas particulares: el nombre propio y específico de Dios «Jehová» o «Yahvé»; la referencia a El Elyón, el antiguo dios cananeo adorado en Salem, y la referencia al poder creador de Dios. Este relato pone de manifiesto que cuando Abram llegó a Canaán la fe en el dios creador ya se encontraba articulada en diversas formulaciones teológicas definidas; Zimmerli, *op. cit.*, p. 3.

pueblo, tiene un muy alto grado de uniformidad, pues se basan en un hecho histórico identificable, específico y bien definido: la liberación del éxodo. Bien fundamentados en esa percepción teológica, en las diferentes secciones de la Escritura se describen las acciones del Dios que escucha el clamor del pueblo, se presenta al Señor que tiene el deseo de redimir al pobre y menesteroso y de liberar al cautivo, se afirma la naturaleza santa del Dios que interviene en la historia para implantar la justicia que se fundamenta en la paz, y se destaca el poder divino que revela su voluntad transformadora a la humanidad.

Esas reflexiones teológicas del éxodo tienen continuidad pues nacen en acontecimientos históricos concretos. Sin embargo, las expresiones de la fe israelita en el Dios creador del Antiguo Testamento son heterogéneas y polivalentes, porque se fundamentan en diversas concepciones del mundo. El Dios creador manifiesta su poder en diversos períodos históricos y en medio de realidades sociales, políticas y espirituales diferentes. Esa pluralidad de contextos y entornos ha producido diversas manifestaciones y percepciones de la teología de la creación.

En Génesis 1:1–2:4[61] se incluye el primer relato de la creación desde la perspectiva canónica, aunque no fue el primero en redactarse.[62] La imagen del mundo que se encuentra subyacente al relato es el de una especie de llanura que se inunda todos los años. El elaborado pasaje, que revela gran articulación poética y mucha sensibilidad literaria, tiene un claro propósito teológico: todo el mundo creado —en la tierra, los cielos y el

---

[61] En el Antiguo Testamento se pueden identificar algunas referencias breves a relatos extracanónicos muy antiguos de la creación que han dejado huellas en varios relatos bíblicos (p. ej., Job 7:12-21; 26:10-13; 38:8-11, Sal. 78:89; Is. 51:9-16). Narran la lucha de Yahvé contra los poderes antagónicos de Rahab y el Levitán, similares a las victorias de Marduk sobre Tiamat en Babilonia, y las batallas de Baal contra el mar en Canaán; Jacob, *op. cit.*, p. 134.

[62] En torno a la exégesis y teología de los relatos de la creación de Génesis, ver, entre otros a Westermann, *op. cit.*

mar— es fruto directo de la intervención divina por medio de su palabra de autoridad y bondadosa.

La actividad divina se encuadra en un marco de seis días de creación y un séptimo día de descanso.[63] En esos días de actividad el Señor crea, bendice y separa. Y aunque no se articula claramente una teología elaborada del sábado, se pone de manifiesto la importancia del descanso de Dios. Este relato puede estudiarse utilizando la estructura que revelan los días de la creación y la estructura que se pone de manifiesto al estudiar los verbos que se utilizan para presentar las obras de creación.

Todo este primer relato de la creación se basa en las implicaciones teológicas y litúrgicas de un muy importante verbo hebreo, *bará*, que parece estar reservado únicamente para los actos extraordinarios de creación divina. Este particular término de acción se refiere siempre a algún tipo de intervención de Dios que produce un resultado novel, extraordinario e impredecible. Se utiliza para describir la creación y la conservación del mundo y de la humanidad (Gn. 1:27), para la formación del pueblo de Israel (Is. 43:1, 15),[64] para la restauración de la ciudad de Jerusalén (Is. 65:18), para la renovación y transformación de la persona arrepentida (Sal. 51:10) y para el establecimiento de «los cielos nuevos y la tierra nueva» (Is. 65:17; 66:22). Como únicamente Dios puede ser su sujeto, utilizar este verbo para describir la acción o la actividad humana sería considerado por el pueblo como blasfemia.[65]

[63] En torno a la traducción del pasaje, particularmente de Gn. 1:1, ver a Westermann, *op. cit.*

[64] El origen del pueblo de Israel, incluso el nacimiento de cada individuo, son vistos en la Biblia como manifestaciones de la creación de Dios; Jacob, *op. cit.*, p. 136.

[65] La importante doctrina de *creatio ex nihilo* —que se formula con claridad en el deuterocanónico libro de 2 Macabeos 7:28—, no se pone claramente de manifiesto aún en Génesis, aunque ya estos textos parecen apuntar hacia esa dirección. El relato enfatiza la creación por la palabra divina, aunque existía el caos primigenio.

La creación humana es la segunda obra durante el sexto día. Se le brinda al ser humano expresamente la bendición de crecer y multiplicarse, que lo ubica en el entorno de la creación de los animales del mar y del cielo (Gn. 1:22) y de la tierra (Gn. 8:17). Además, se indica que el ser humano es creado «a imagen y semejanza de Dios» (Gn. 1:26), que puede significar un tipo de similitud ética o representación moral estructurada.[66] Este relato de creación insiste en afirmar que las obras de Dios son buenas, que es una forma de decir que son correctas, agradables, útiles, hermosas; particularmente son buenas porque cumplen el propósito divino.

No es un dios caprichoso el que crea y ordena el mundo, sino el Dios bíblico que tiene un plan bien diseñado y elaborado para el desarrollo de la humanidad. La referencia al plural divino utilizado en la frase «hagamos al hombre a nuestra imagen», aunque puede ser un ejemplo del uso lingüístico del plural de majestad para referirse al Dios único, también puede sugerir la idea de una deliberación solemne de Dios con su corte celestial al momento de la creación, para destacar la importancia de la creación del ser humano en contraposición con todo lo creado.[67]

En Génesis 2:4b-25 no se describe detalladamente la creación; se presenta de forma esquemática el comienzo de las relaciones de Dios con el mundo y con la humanidad. El mundo es concebido como un desierto árido que posee una corriente de agua subterránea que humedece el terreno y permite a Dios plantar un jardín y formar del barro a los animales y al ser humano. El propósito teológico de este relato es afirmar la

---

[66] En Israel se le llamaba al rey «imagen de Dios», y en la literatura egipcia se encuentran referencias a que la humanidad es imagen divina que ha brotado de sus miembros; Zimmerli, *op. cit.*, p.36.

[67] La revista *The Living Pulpit*, abril-junio del 2000, dedicó esa edición al tema de la creación. Entre los temas expuestos se incluyen artículos exegéticos, morales y éticos.

importancia de la creación de la humanidad. La preocupación divina por el bienestar del ser humano revela el deseo de darle el jardín de Edén como residencia, y permitirle nombrar a los animales (Gn. 2:20), que es una manera de afirmar su hegemonía y autoridad. Quien nombra tiene autoridad sobre lo nombrado.

Una diferencia fundamental entre estos dos relatos de creación se relaciona con el hombre y la mujer. Mientras en el primer relato se crean en una sola acción, según el segundo relato de la creación, ese singular acto se presenta en momentos distintos. Esta diferencia hace resaltar aún más la igualdad y la complementariedad entre los sexos. Aunque al hombre Dios le había concedido nombrar a los animales y enseñorearse del jardín, esa compañía y actividades no le ayudó a sobreponerse a la soledad que únicamente es superada con la creación de la mujer. Ese encuentro del hombre y la mujer abrió la posibilidad del diálogo y el respeto mutuo. Son componentes de la creación que se complementan y se apoyan.

CREADOR Y FORMADOR

Una característica muy importante de la teología de la creación en el Antiguo Testamento se relaciona con el uso continuo de una serie de verbos de acción y transformación. Esos verbos revelan y enfatizan las acciones de Dios, no desean destacar el carácter, la naturaleza o los atributos divinos. El propósito es poner de manifiesto la acción divina que sobrepasa la capacidad humana. El estudio del uso de esta terminología de acción puede revelar particularidades teológicas importantes.[68]

En el corazón de la teología de la creación del Antiguo Testamento se encuentra el verbo *bará*, que es utilizado

[68] Este análisis gramatical y lingüístico de los pasajes del Antiguo Testamento se basa en los estudios de Brueggemann, *op. cit.*, pp. 145-64. A su vez, el estudio de Brueggemann se fundamenta e informa en las obras de G. von Rad, *op. cit.*

exclusivamente para referirse a la acción divina. Es un verbo de majestad y esplendor que debe ser estudiado en relación con el nombre propio de Dios: Yahvé o Jehová. Se relaciona íntimamente con la esencia misma del nombre divino —«YHWH»—, que puede derivarse del verbo «ser» para significar «el que causa o genera».[69] En este sentido el verbo *bará* se asocia muy bien con Dios, que es el «que causa o genera» las cosas creadas.

La superioridad del *bará* divino sobre las obras humanas se pone claramente en evidencia al descubrir y observar que el complemento que se relaciona con este particular verbo nunca designa algún estado intermedio o materia en proceso. El resultado de esa acción divina es algo completo, acabado, perfecto, bueno. La mayor virtud del término no es la doctrina de *creatio ex nihilo,* que es extraña a la teología del Antiguo Testamento, sino que los elementos del mundo y la creación se someten a la autoridad divina y responden a sus órdenes.

La Biblia incluye varios pasajes que ponen de relieve los verbos que describen la acción creadora de Dios.

Así dice Dios, el SEÑOR,
el que creó [heb. bará*] y desplegó los cielos;*
el que expandió la tierra y todo lo que ella produce;
el que da aliento al pueblo que la habita,
y vida a los que en ella se mueven.
Isaías 42:5

De acuerdo con este pasaje, el Dios creador interviene efectivamente con los cielos, la tierra, los frutos de la tierra y las personas. Su acción es necesaria para la vida, y su intervención en la historia humana facilita la existencia. El verbo *bará* de esta

[69] Respecto al nombre de Dios y su relación con el verbo «ser», ver el importante artículo de Richard J. Clifford, «The Hebrew Scriptures and the Theology or Creation», *TS* 46 (1985) pp. 507-23.

forma se relaciona con otros verbos de acción que expanden el horizonte teológico y simbólico de las actividades divinas.

El verbo «hacer» (heb. *sh*) unido a *bará* amplían el concepto de creación pues relaciona el acto divino con la manifestación de su palabra (Sal. 33:6). Se enfatiza de esta forma el poder generador y creador de la palabra, que también se manifiesta en Génesis 1 y que posteriormente se utilizó al inicio del Evangelio según San Juan. «Formar» es otro verbo que se incluye con frecuencia en paralelo a *bará* para describir la acción de Dios (Is. 45:18). La imagen es la de un alfarero que trabaja con el barro para crear una pieza de arte.

Dos verbos hebreos de gran importancia para la teología de la creación son dignos de mencionar. El primero, *yld*, puede relacionarse con el acto de engendrar o procrear, que, en efecto, es una imagen masculina; el segundo, *hll*, se refiere al acto de alumbramiento o al proceso de parto, que ciertamente alude a la mujer. Estos verbos se pueden utilizar de forma complementaria y ponen de manifiesto varias metáforas importantes para referirse al Dios creador, que son necesarias y pertinentes para la discusión teológica contemporánea. Y como las traducciones al castellano no siempre reproducen las particularidades estilísticas y evocativas del texto hebreo, incluyo la traducción alternativa:

¡Desertaste de la Roca que te engendró [heb. yld*]!*
¡Olvidaste al Dios que te dio vida [heb. hll*]!*
Deuteronomio 32:18

Una traducción alterna al mismo texto hebreo puede ser:

Ignoraste a la Roca que te engendró;
te olvidaste de Dios, quien te dio a luz.

La teología de la creación se articula en la Escritura con una serie de verbos que ponen de relieve el poder divino; enfatizan la capacidad divina de intervenir, actuar, y moverse en el entorno de lo humano. Dos de esos verbos se relacionan con la idea de comunicación: palabra (heb. *dbr*) o voz (heb. *amr*).

Por la palabra [heb. dbr*] del SEÑOR fueron creados los cielos,*
y por el soplo de su boca, las estrellas.
Salmos 33:6

Y dijo [heb. amr*] Dios: «¡Que exista la luz!».*
Y la luz llegó a existir.
Génesis 1:3

Estos verbos ponen en evidencia un componente extraordinario de la percepción de Dios en la Biblia: se descubre que la teología de la palabra divina se relaciona íntimamente con la teología de la creación. Dios crea mediante su voz extraordinaria, y su palabra autorizada hace que la creación tome forma y vida.[70] Esa teología requiere de una gama extensa de verbos que hagan justicia a la grandeza del poder divino y a la amplitud teológica de la fe veterotestamentaria. La creación por medio de la intervención del espíritu no se presenta en contraposición a la creación por la palabra, sino que la complementa. Tanto la palabra como el espíritu, que es soplo de vida que sale de su boca, permite la presentación de las imágenes de forma complementaria (Sal. 33:6; Is. 11:4).

Esa percepción teológica del Dios creador se enmarca en varios períodos de la sociedad israelita y fomenta el desarrollo y

[70] La «teología de la palabra» que se manifiesta en el texto bíblico —y que, en efecto ha jugado un papel protagónico en las reflexiones teológicas reformadas— en Egipto tiene un antecedente de importancia en la figura del dios Ptah; ver J. Pritchars, *Ancient Near Eastern Texts Relating to the Old Testament* (2.ª ed.: Princeton: Princeton University Press, 1955), p. 5.

expansión de las ideas. Además, desafía otras explicaciones de la creación del mundo, a la luz de las experiencias de fe de la comunidad. Se contraponen al poder creador de Dios las tinieblas, que representan hostilidad, pues la esencia del Señor es la luz (Sal. 88:12); el mar es una amenaza aún mayor, pues simboliza las fuerzas que debieron ser vencidas para establecer la tierra firme en la creación del mundo (Gn. 1:9); y el pecado, que procede de la humanidad y afecta adversamente a la creación, pues altera el balance y el orden establecido por Dios para que se manifiesten la dignidad humana, la justicia y la paz (Sal. 104:35).

La teología de la creación tomó fuerza y recibió su articulación más elaborada durante el período exílico de Israel, en la figura y los escritos del extraordinario profeta que incluyó su mensaje en el Libro de Isaías.[71] Ante la crisis del exilio en Babilonia, los teólogos del pueblo se dieron a la tarea de revisar la historia nacional y reflexionar sobre los asuntos que daban significación a la vida. En el desarrollo de esa ponderación seria y sabia, descubrieron dos realidades que desafiaban la teología y la vida misma del pueblo de Israel.

En primer lugar, el extraordinario poder político y militar que se ponía continuamente de manifiesto en la sociedad babilónica; en segundo lugar, la sociedad babilónica tenía una serie de divinidades que legitimaban el sistema político y le daban razón de ser a la comunidad. Ante esos signos de poder y autoridad en la sociedad mayoritaria, el pueblo de Israel articuló la fe en el Dios creador para responder teológicamente a esas realidades. Particularmente en la segunda sección del Libro de Isaías se incluyen una serie de pasajes que ponen en evidencia la articulación elaborada de este tipo de teología:

---

[71] Respecto a la historia y la teología del exilio, ver las obras de S. Pagán, *La visión de Isaías* (Miami: Caribe, 1997); *Experimentando en quebrantos* (Nashville, Adingdom, 2000).

Yo hice la tierra, y sobre ella formé a la humanidad.
Mis propias manos extendieron los cielos,
y di órdenes a sus constelaciones.
Isaías 45:12

¿Acaso no lo sabes? ¿Acaso no te has enterado?
El SEÑOR es el Dios eterno,
creador de los confines de la tierra.
No se cansa ni se fatiga,
y su inteligencia es insondable.
Isaías 40:28

Esos pasajes revelan la profundidad del pensamiento teológico del exilio en torno al Dios creador: hace la tierra, crea al ser humano, despliega los cielos y es eterno. Es una forma de elaborar y avanzar las afirmaciones y las convicciones monoteístas, pues ubica el poder de Dios en un nivel óptimo. Ante este tipo de actividad divina y poder creador, los dioses babilónicos no pueden sostenerse.

La teología de la creación se utilizó para desacreditar a las divinidades extranjeras, particularmente a las babilónicas. Y esa afirmación teológica en torno al Dios de Israel en el exilio era también una exclamación política y militar que generaba en los deportados esperanza de retorno a Jerusalén. El Dios que crea tiene la capacidad y el deseo de hacer las cosas nuevas, que incluye la finalización del período exílico y el regreso de los deportados a Jerusalén (Is. 40:12-13; 41:1-5, 21-29; 43:8-13).

Como respuesta a la crisis del exilio los profetas ampliaron la utilización del lenguaje para articular la teología de la creación. Particularmente en la segunda sección del Libro de Isaías (Is. 40–55), se incluye una muy amplia gama de afirmaciones teológicas que ponen de relieve la extensión e importancia de la fe de Israel en el Dios creador.

Según el profeta del exilio, Dios «crea» los astros, los confines de la tierra y el cielo (Is. 40:26, 28; 42:5), «moldea» la tierra como si fuera un alfarero (Is. 45:18) y «hace» el universo (Is. 44:24). Ese Dios también «tiende» el cielo como una cortina (Is 40:22; 42:5), «afianza» la tierra (Is. 42:5; 44:24), «llama» a las estrellas (Is. 40:26) y «cuenta y despliega» su ejército (Is. 40:26). En el Libro de Isaías, además, se desarrollan teológicamente varios temas importantes relacionados con la creación: «forma la luz y crea las tinieblas, hace la paz y crea la adversidad» (Is. 45:7), se relaciona la experiencia de la creación con las intervenciones de Dios en la historia del pueblo (Is. 51:9-14), y como creador no es un Dios lejano y remoto, sino inmediato y cercano, al estar presente en todo lo que propicia la salvación del pueblo (Is. 44:24; 45:8).

La teología de la creación se acentúa tanto en la literatura cúltica de los Salmos como en la sapiencial. En el salterio se celebra la majestad de la creación divina y se afirma su soberanía (Gn. 1:26-28 y Sal. 8), y las obras divinas anuncian y describen la gloria de Dios, aunque no tienen la capacidad de hablar (Sal. 19:2-7). En el Libro de Job se afirma que Dios creó al mundo con sabiduría (Job 38–39). Y en los Proverbios se personifica la sabiduría y se habla de la inteligencia de Dios en los procesos de creación (Pr. 8).

Un punto culminante en la articulación de esta particular teología de la creación se revela en un poema que pone en evidencia clara el compromiso redentor de Dios:

Pero ahora, así dice el SEÑOR,
el que te creó, Jacob,
el que te formó, Israel:
«No temas, que yo te he redimido;
te he llamado por tu nombre; tú eres mío».
Isaías 43:1

El Dios bíblico es creador y formador. Que sea Creador, lo ubica en la tradición teológica monoteísta que responde y supera a las divinidades babilónicas. La característica de Formador, lo relaciona con la imagen del alfarero, que destaca su capacidad de moldear a la humanidad para hacer una pieza de arte que revela la naturaleza especial que brinda el Dios que redime.

La percepción y afirmación del Dios creador también incluye la convicción de que todo principio tiene su final. Al momento creador que produjo el principio de la historia humana (Gn. 1:1) corresponde lo final y escatológico (Is. 65–66; Ap. 21–22). Esa convicción es importante en el exilio en Babilonia, pues revela la posibilidad de una nueva creación, que es una manera sofisticada de afirmar la esperanza y propiciar el regreso a la ciudad de Jerusalén. Los cielos nuevos y la tierra nueva creados por Dios están liberados de las fuerzas caóticas que amenazan la integridad y la seguridad de la creación.

El estudio de la articulación del Dios creador en el Antiguo Testamento revela varias peculiaridades teológicas y éticas que son muy dignas de mencionar y enfatizar.[72] En primer lugar se pone claramente de manifiesto la extensión e importancia del lenguaje figurado. La belleza en la articulación poética y virtud de la retórica se utilizan para explicar lo extraordinario de Dios.

Según esas afirmaciones teológicas: la creación no es el resultado del azar ni de la casualidad, sino el producto efectivo y directo de la intervención ordenada de Dios. Esa afirmación de fe tiene importantes dimensiones éticas y repercusiones morales, pues demanda que la tierra, y todo lo que en ellos hay,

[72] La historia de la interpretación teológica del Antiguo Testamento y las diversas metodologías para el estudio de su teología han sido analizadas efectivamente por Brueggemann, *op. cit.*, pp. 159-163. En esa investigación se ponen de manifiesto las importantes contribuciones de G. von Rad al estudio científico de la Escritura y se revela su importante aportación a la comprensión de la teología del Antiguo Testamento.

deben ser tratados con dignidad y pulcritud, porque representan la actividad divina para que el ser humano pueda vivir de manera adecuada en el mundo.

IMPLICACIONES TEOLÓGICAS

El estudio del concepto de Dios como creador en la Biblia revela varios niveles exegéticos y hermenéuticos de importancia capital para los creyentes y también los estudiosos contemporáneos.[73] La primera gran contribución de este análisis teológico se relaciona con la ecología. La teología de la creación pone claramente en evidencia que el Dios bíblico no solo creó al mundo al inicio de la historia, sino que además acompaña a la humanidad para mantener la integridad de la creación y para propiciar un buen ambiente para la salud y el bienestar.

La grave crisis ecológica que afecta adversamente a la sociedad contemporánea se fundamenta, entre otros factores, en la falta de conciencia teológica en torno a la naturaleza y al maltrato que las sociedades y los individuos le han brindado al medio ambiente. Como respuesta a esas actividades contaminantes y esos procesos de desestabilización ecológica, el mismo ambiente ha reaccionado adversamente con una contaminación mortal que hiere y afecta a individuos y comunidades enteras en el planeta.

Una contribución adicional de la teología de la creación a la discusión eclesiástica y ética contemporánea se relaciona con el sentido de prepotencia y orgullo que manifiesta el ser humano al relacionarse con la creación. La gente y los gobiernos han actuado de manera insensible ante la naturaleza con el fin de desarrollar una serie de proyectos relacionados con lo que llaman progreso e industrialización.

---

[73] Brueggemann, *op. cit.*, p. 163.

Esas actitudes de irrespeto y agresión a la naturaleza revelan rechazo o desconocimiento de las dinámicas íntimas y las interacciones entre la naturaleza y la sociedad, además de no tener conciencia del respeto que se debe tener a la creación de Dios. Las actitudes egoístas que ignoran los reclamos continuos de la naturaleza generan el potencial de destrucción del ambiente, que es el preámbulo de la herida o muerte de comunidades enteras, y ciertamente amenaza la estabilidad política y económica del mundo. La actitud desafiante e impropia del ser humano y los gobiernos ante la naturaleza que Dios creó, encierra un nivel extraordinario de potencial de destrucción que puede afectar adversamente el futuro de la humanidad.

La fe en el Dios creador requiere que se trate bien a la naturaleza, por ser parte integral de la creación divina, y demanda que se actúe con sabiduría, respeto y buen juicio. Esa convicción reconoce que la contaminación puede generar una respuesta adversa de la naturaleza que impida la vida digna, grata, saludable y efectiva. Un Dios que crea requiere una sociedad que entienda las virtudes teológicas de la afirmación y que esté consciente de las implicaciones éticas, morales y ambientales de sus decisiones.

Capítulo 4

EL DIOS SANTO

Dios bendijo el séptimo día, y lo santificó,
porque en ese día descansó
de toda su obra creadora.
Génesis 2:3

LA SANTIDAD DE DIOS

El concepto de Dios en el Antiguo Testamento se relaciona íntimamente con la idea de santidad. El Dios bíblico es santo y requiere de su pueblo un compromiso serio con este fundamental e indispensable valor teológico. Desde la creación misma esta idea de santidad se pone de manifiesto, al indicarse que Dios «bendijo» y «santificó» el sábado, para afirmar la importancia del descanso luego del proceso y sus obras de creación.[74]

En efecto, la idea de santificación y la teología de lo santo son importantes desde los primeros relatos bíblicos, pues ponen claramente de manifiesto una de las características divinas de más importancia y subrayan uno de sus atributos de mayor relevancia teológica e implicación misionera. Como fenómeno

[74] Respecto a la santidad del sábado es importante estudiar el tema no solo desde la perspectiva exegética y filológica, sino también fundamentado en la filosofía y la teología. El tema del descanso es prioritario para la sociedad postmoderna hispanoparlante del siglo veintiuno, que trabaja incansablemente para obtener cosas, que son vistas e interpretadas como signos del éxito y la prosperidad.

religioso fundamental, la santidad no se puede derivar de ninguna escala de valores humanos, pues emana y se ancla en el mismo ser de Dios.

La santidad, desde la perspectiva fenomenológica, es una fuerza vital, especial, misteriosa y extraordinaria que le brinda a ciertas personas y a algunas cosas una cualidad sobrenatural, distinguida, particular, única. La vida misma y toda la creación son expresiones elocuentes y manifestaciones sofisticadas de la santidad divina. Por tal razón, en las Sagradas Escrituras la santidad es la expresión máxima de la naturaleza de Dios, y la más importante e inigualable de sus cualidades; revela lo más íntimo y preciado de su ser y manifiesta su valor supremo; pone en evidencia la plenitud de su poder y lo particular de su esencia.[75]

En las Escrituras hebreas, el concepto de santidad se expresa de forma óptima en la incomparable figura del Señor, el Dios Santo de Israel (Is. 40:12-31). Este importante concepto teológico revela lo radical y lo absoluto de la esencia de Dios, identifica la esfera de lo extraordinario e indescriptible de la divinidad y otea lo inefable y espectacular de Dios.[76]

En la mayor parte de las lenguas semitas se pueden encontrar paralelos de la raíz hebrea *qdsh,* que transmiten el concepto

---

[75] Sobre el fundamental tema de la santidad, seguiremos muy de cerca a E. Jacob, *op. cit.,* pp. 86-92, aunque también estaremos en diálogo continuo con varios autores, particularmente con von Rad, *op. cit.,* pp. 262-272; Brueggemann, *op. cit.,* pp. 388-393; Eichrodt, *op. cit.,* pp. 246-257. En torno a este mismo tema, también es importante estudiar la obra de J. G. Gammie, *Holiness in Israel* (Minneapolis; Fortress, 1989), que hace un muy buen análisis de los estudios sobre el tema.

[76] En su análisis del concepto, Brueggemann, *op. cit.,* pp. 288-289, añade que la santidad se refiere a una esfera específica y prohibida de lo divino que no puede ser alcanzada voluntariamente por el ser humano, si no le es dada o revelada por Dios. Ese entorno particular de la santidad es sumamente peligroso pues puede conllevar a la muerte, si el ser humano no se ajusta a las directrices divinas específicas ni a los principio teológicos y litúrgicos básicos que gobiernan su naturaleza. El concepto pertenece al entorno cúltico, que regula la totalidad de la vida.

de santidad; muy probablemente comunican inicialmente la idea de corte y separación.[77]

Los lugares *qadesh* son sagrados, separados, consagrados, prohibidos para la gente común, son espacios particularmente reservados para las manifestaciones de la divinidad. Y como una persona santa es separada y comisionada para cumplir responsabilidades particulares y especiales, esta misma raíz también comunica la idea de poder, fuerza y autoridad.[78]

En el Antiguo Testamento el concepto de santidad adquiere dimensiones teológicas que no se confinan a los resultados del estudio etimológico o al análisis semántico. Como la raíz hebrea *qdsh* aparece con cierta regularidad en varias formas lingüísticas en la Biblia, se puede afirmar que la santidad es como el centro gramatical y lingüístico de la teología bíblica.[79] En efecto, la santidad es una manifestación divina sui géneris que revela la soberanía de Dios sobre todas las cosas. El Señor se apodera de la santidad para transmitir su virtud y autoridad; además, revela su naturaleza santa en la fuerza y el poder que comunica, transmite y afirma la vida. Y como la relación entre santidad y Dios es tan íntima y completa, el Señor bíblico se denomina y autoidentifica como «santo», siendo este último

[77] Respecto a esta raíz semita se han propuesto otras alternativas semánticas: «ser brillante» (en el sentido físico) o «ser puro» (en el sentido moral); o que expresa la idea de juventud y frescura; Jacob, *op. cit.*, pp. 86-87. Es importante señalar de todas formas que el análisis etimológico no agota las posibilidades de sentido de las palabras relacionadas con esta importante raíz, pues el uso, el contexto y el desarrollo histórico y teológico influyen de manera importante en la interpretación y en la transmisión de sentido de los términos.

[78] Las raíces y palabras que se utilizan regularmente para designar este ámbito teológico de la santidad en las más diversas lenguas, transmiten la idea de lo separado, lo apartado, lo sustraído de su uso normal; Eichrodt, *op. cit.*, pp. 246-247.

[79] Por características lingüísticas de la lengua hebrea —en la cual una misma raíz puede designar un estado y un movimiento, una acción sufrida o producida, el sujeto u objeto de la acción—, la idea de santidad en la Escritura tiene un carácter particular que no se puede explicar totalmente fundamentados en el estudio etimológico ni en el análisis comparativo con otras lenguas semíticas.

término un sinónimo fundamental e indispensable de la divinidad de Israel (p. ej., Is. 40:25; Os. 11:9).[80]

Cuando en la Escritura se indica, por ejemplo, que Dios jura por su santidad, significa que el Señor invierte su nombre, palabra, autoridad, naturaleza, poder y esencia en lo que ha revelado (p. ej., Am. 4:2; 6:8; Sal. 89:35). Es un recurso literario importante empleado para asegurar la veracidad de sus dichos; un modo de poner énfasis en la certeza de sus palabras.

Esa relación de santidad y nombre divino revela la fundamental identificación entre el concepto de lo santo y la naturaleza divina.[81] El Dios que se revela en la Escritura es esencialmente santo y requiere que su pueblo afirme, aprecie, absorba e incorpore ese particular componente de su naturaleza, que tiene implicaciones espirituales, políticas, religiosas, éticas y morales. El Dios santo requiere un pueblo santo.

Una función fundamental de la santidad es establecer distancias, proveer espacios adecuados. La revelación divina hace que el ser humano reconozca su condición de criatura y se sienta anonadado. El encuentro con lo Eterno genera en las personas temor, admiración, inseguridad y humildad. Descubrir la santidad divina hace reconocer a las personas su pecado, y le mueve a aceptar su condición humana imperfecta (Gn. 18:27; Job 42:6; Is. 6:1-3).

Esa actitud pecaminosa es la que establece una distancia entre el ser humano y Dios, que únicamente puede ser superada con una intervención divina extraordinaria. También la santidad

---

[80] En varias ocasiones, la Biblia utiliza los términos Dios y santo en paralelos, particularmente en la literatura poética y profética (p. ej., Is. 5:24; Sal. 71:22; Hab. 3:3). Fuera de Israel, la expresión «dioses santos» aparece en Biblós, aunque no contiene el sentido religioso que se le confiere en el Antiguo Testamento; *op. cit.*, p. 88.

[81] La importante relación entre santidad y nombre divino se pone de manifiesto en la narración de la teofanía en el Sinaí, cuando se revela el nombre divino a Moisés (Éx. 3:1-15). De acuerdo con la narración, tanto el nombre de Dios como el concepto de santidad son las expresiones más elocuentes de la vida divina.

tiene un componente que establece la distancia entre lo divino y lo humano, fija con claridad los linderos y las fronteras entre las dinámicas de las personas y el entorno de Dios.

La relación entre la santidad de Dios y la gloria divina es importante y particular. La «gloria» —*kabod*, en hebreo— es lo que le brinda a cada persona su carácter particular, su peso específico. Y aunque cada persona tiene su «gloria» (Sal. 16:9; 30:12) —es decir, sus características particulares y fundamentales—, la «gloria de Dios» es única y extraordinaria.

Esa particular «gloria de Dios» le lleva a revelar y afirmar su santidad. La gloria es una manifestación de la naturaleza de Dios en el mundo, en la humanidad, en el cosmos; la santidad se confiere a individuos y objetos.

La santidad divina transmite tanto la idea de poder como la de separación. La persona u objeto que ha sido separado por Dios, o santificado, se encuentra bajo el dominio de lo eterno, pues es su poder y su autoridad que lo sujeta. Esa fuerza extraordinaria que se manifiesta para revelar la santidad, sin embargo, puede ser peligrosa. Lo que es santo o está santificado entra en la dimensión divina, y es prerrogativa de Dios manifestar su poder para mantener ese particular estado de separación y pureza. Por esa razón, un hombre cayó muerto y fulminado por el poder de Dios al tratar de apoyar y sostener el arca del pacto que amenazaba con caerse (2 S. 6). La santidad divina tiene ciertamente algunos elementos de misterio,[82] contiene aspectos negativos y de juicio, que deben tomarse seriamente en consideración al estudiar y ponderar el tema.

Sin embargo, el componente central de la santidad no se revela totalmente ni tampoco se agota en la idea negativa de

---

[82] El misterio o tabú representa un ámbito especial de la fenomenología de la religión; es una zona de que describe lo inefable y requiere una preparación especial del ser humano para evitar su fulminación y destrucción; Eichrodt, *op. cit.*, pp. 121-124.

separación o de lo intocable de la idea o del tabú. La santidad divina llega a su expresión óptima al relacionarse con la idea de la alianza o el pacto. Dios es santo y por consiguiente decide establecer un pacto con su pueblo; Israel es santo únicamente al entrar al pacto divino.

Como el Señor es un Dios de pactos con su pueblo, no guarda ni esconde su santidad, sino que la revela a su pueblo. Es esencialmente ese carácter de Dios celoso y deseoso de relacionarse con su pueblo lo que le impele a manifestar su santidad para hacer que el ser humano no solo reconozca su condición pecaminosa, sino también poder brindarle el poder necesario y la virtud requerida para levantarse de su condición y convertirse en un eficaz emisario divino a la humanidad (Is. 6:1-13). La santidad que se revela a Isaías es un buen ejemplo de la manifestación divina que tiene como finalidad principal llamar y levantar al profeta de su condición pecaminosa para comisionarlo y capacitarlo para llevar a efecto un ministerio transformador.[83]

Al estudiar este tema teológico debemos estar conscientes de que los actos de liberación de Dios y sus manifestaciones de juicio son también expresiones de la santidad divina. En efecto, la santidad de Dios se manifiesta para hacer cumplir su voluntad redentora y para implantar la justicia. Al destruir a Gog (Ez. 38:16), al anunciar los juicios en Sidón (Ez. 28:22) y darle al pueblo agua en Meriba[84] (Nm. 20:13), el Señor se santifica, pues pone de manifiesto su naturaleza ética, revela su deseo de implantar la justicia, y manifiesta su voluntad liberadora. También hay santidad cuando el Señor interviene en la historia y

[83] En torno a la exégesis y la traducción de Isaías 6, ver a S. Pagán, *Experimentado en quebrantos* (Nashville: Abingdon, 2000).

[84] Meriba significa en hebreo querella o pleito; y el nombre, con el paso del tiempo, se convirtió en símbolo de la falta de fe de los israelitas (Dt. 6:16; 9:22; 33:8; Sal. 95:8-9; He. 3:7).

libera a los hijos e hijas de Israel de la esclavitud y la opresión de Egipto; posteriormente repite su hazaña heroica, al hacer que el pueblo regrese del exilio en Babilonia, y manifiesta su santidad (Ez. 20:41; 28:25; 36:20-24; 39:27). Santidad es un concepto que abarca la totalidad de la vida de Dios y se relaciona con todas sus acciones históricas.

Una expresión que revela en grado sumo la teología de la santidad en la Biblia es el importante título divino de «el Santo de Israel».[85] Gracias a la importancia y la popularidad que recibieron los oráculos de Isaías (p. ej., Is. 29:19; 30:11-15; 31:1; 41:14; 43:15; 55:5),[86] este particular título divino no se confinó a ser una mera imagen literaria en la obra de un profeta (ver Sal. 71:22; 78:41; 89:19; Jer. 50:29; 51:5; Ez. 39:7), sino que se convirtió en una forma particular y extraordinaria de expresar lo especial, misterioso e inefable de la naturaleza santa del Dios de Israel. Esta designación no significa que «el Santo» pertenezca a Israel, sino que el Dios bíblico ha consagrado y deparado a Israel para sí mismo; el pueblo, en efecto, es santo por causa de esa consagración y por la dedicación, intervención y elección del Señor. La santidad de Israel depende absolutamente de la naturaleza santa de Dios.

La expresión «Santo de Israel» transmite la idea de que el Señor e Israel están íntima e indisolublemente relacionados.[87] Dios no abandonará ni rechazará a su pueblo, pues tal acción conlleva negarse a sí mismo. La santidad, que ciertamente es la característica divina más extraordinaria e irreductible, es al mismo tiempo la que más le acerca al ser humano.

---

[85] Este importante título divino pone en evidencia que, aunque desde la perspectiva fenomenológica la santidad subraye la separación entre lo divino y lo humano, en Israel se percibió la divinidad con un sentido hondo de intimidad, pertenencia, relación y mutualidad; Brueggemann, *op.cit.*, p.289.

[86] Referente al uso e implicaciones teológicas de la expresión «Santo de Israel» en Isaías, ver a S. Pagán, *op. cit.*

[87] Brueggemann, *op. cit.*, p. 289.

El Santo mora en las alturas y desciende a la persona afligida (Is. 57:15); da su palabra y revela su voluntad (Is. 5:24; 30:12, 15); e interviene en la historia y llega para socorrer al individuo (Is. 31:1; 37:24). El Santo de Israel es el redentor —*goel*, en hebreo— de su pueblo;[88] que alude al pariente cercano que ejerce el derecho de rescate para liberar a algún familiar cautivo. La santidad genera el compromiso de redención que representa un valor teológico fundamental y prioritario en la Escritura.

Aunque es el pueblo de Israel en general es recipiente primordial de la santidad divina (Lv. 17:1–25:55),[89] en la Escritura se pueden identificar también varios individuos y objetos que son particularmente importantes para la revelación de esa característica de Dios. Los objetos se consagran para su uso en lugares sagrados, y adquieren únicamente santidad de relación. Los individuos reciben la santidad divina para ejercer alguna función específica de parte de Dios (Lv. 21:1-15, 16-23).

Entre los principales objetos santificados se pueden identificar los siguientes; el arca del pacto (1 S. 4:19-22),[90] el templo de Jerusalén (Sal. 93:5), sus utensilios y las aguas que se utilizan en las celebraciones (Éx. 30:18; Nm. 5:17); y las vestiduras de los sacerdotes (Éx 28:2; Sal. 29:2; 96:9; 110:3). Además, el cielo es santo por ser residencia del Señor (Dt. 26:15; Sal. 11:4; Is. 63:15; Mi. 1:2) y la tierra de Israel es también reconocida como

[88] La idea de redención es muy importante en la teología bíblica, procede del derecho tribal y significa liberación de quienes han caído en esclavitud mediante el incumplimiento del pago de deudas; ver a Zimmerli, *op.cit.*, p. 251.

[89] Esta sección de las Escrituras se conoce comúnmente como el «Código de Santidad», por el énfasis que se da a la necesidad que tiene el pueblo de ser santo (ver también Éx. 19:6); de particular importancia en la teología que se articula es la afirmación que se incluye en Lv. 19:2: «Santos seréis, porque santo soy yo, Jehová, vuestro Dios».

[90] En el arca se concentra la gloria —*kabod*, en hebreo— de Yahvé y mantiene un componente físico y mágico. Con el paso del tiempo, el yahvismo profético relegó el tema del arca a un segundo plano para privilegiar la teología del templo de Jerusalén; Jacob, *op. cit.*, p. 90.

santificada por ser objeto de la elección divina (Zac. 2:12). La santidad que se recibe mediante la consagración de lugares y utensilios no difiere de la que procede de la elección, pues emanan del mismo Dios santo. En torno a este tema es importante mencionar, además, que la Escritura revela varios niveles de santidad que se ponen particularmente de manifiesto en el templo, en el «Lugar Santo» y el «Lugar Santísimo» (Éx. 26:33; 29:37; Lv. 2:3, 10).[91]

La santidad en las personas se relaciona particularmente con la pureza ritual, que se manifiesta efectivamente tanto en el entorno de lo moral y ético (Lv. 9:3, 11, 15; 20:7, 10) como en lo ritual y cúltico (Lv. 21:6; Nm. 6:5; 1 S. 21:6). Al entrar en el mundo de la santidad divina, el ser humano recibe y acepta una serie de deberes religiosos y de actitudes morales, que deben cumplir a cabalidad, en su mundo interior y en el exterior. La plenitud de vida se adquiere al cumplir con esos deberes y responsabilidades.[92]

Una manera de traducir el concepto bíblico de santidad en expresiones contemporáneas entendibles en la sociedad, es relacionarlo con el término integridad. Salvando las distancias teológicas, el concepto amplio de integridad, pues brindar un buen marco de referencia para ubicar el término religioso santidad, que transmite un caudal de imágenes eclesiásticas, en

---

[91] Respecto a estos importantes lugares en el templo, ver a von Ran, *op. cit.*, pp. 298-306.

[92] La relación entre santidad y Yahvé se ha estudiado desde diversas perspectivas. Desde el punto de vista de la distancia y la separación, se identifican los siguientes estadios: santidad inaccesible; santidad de majestad; santidad de celos; santidad de perfección; y santidad de trascendencia. Analizada desde el ángulo sociológico, la santidad adquiere las siguientes características: en los medios populares, la santidad evolucionó desde el tabú hasta la alianza o pacto; en el contexto religioso, representa la consagración de los sacerdotes para acercarse adecuadamente a las cosas sagradas; y en el profetismo, Dios es santo para impartir su naturaleza a los seres humanos, Jacob, *op. cit.*, p. 92.

una expresión entendible en las sociedades seculares del siglo veintiuno.

LA JUSTICIA DE DIOS

Fundamentados en la santidad divina, el Antiguo Testamento explora y presenta una serie de atributos divinos que revelan diversos componentes y niveles de la naturaleza de Dios. El estudio de estos atributos nos permite identificar, analizar, entender, explicar y disfrutar la extensión, virtud y profundidad no solo de la naturaleza de Dios, sino también de su voluntad y deseo de comunicarse con el ser humano. Estos atributos son cualidades de Dios que nos ayudan a entender su intervención en la historia de la humanidad y nos permiten explorar su peculiar relación con el pueblo de Israel. También pueden brindar varias pistas para comprender la importancia de la revelación de Dios para la sociedad actual.

La justicia es un atributo extraordinario y excepcional de Dios. De acuerdo con la Escritura, el Dios bíblico es justo y desea implantar la justicia en la tierra. Además, entre las imágenes que la Biblia utiliza para presentar la pluralidad y la extensión de los conceptos relacionados con Dios, se incluye la de juez, que pone en evidencia clara su firme compromiso con los valores que se expresan con una serie importante de términos jurídicos como, por ejemplo, justicia, ley, rectitud y equidad.

La imagen de Dios como juez revela su gran compromiso con la implantación de la justicia y su firme deseo de intervenir en la historia para apoyar a las personas y a las naciones que sufren opresión, cautiverios e injusticias. Se dice del Señor que «ama la justicia» (Sal. 99:4; Is. 61:8), que es una forma poética de destacar la percepción teológica del pueblo en torno a las implicaciones concretas de la justicia divina.

El pueblo confiaba en este atributo divino no solo como una fuente de esperanza en la vida, sino además como un valor que debían emular e imitar los jueces terrenales, pues implicaba un veredicto de culpabilidad y la restitución de personas afectadas adversamente por las injusticias de la vida (Sal. 82:2-4; 96:10, 13).[93]

Al acercarnos al tema de la justicia conviene tener en cuenta la naturaleza del término y la extensión del concepto, según su particular manifestación y entorno veterotestamentario. La justicia, en nuestra sociedad, es una noción esencialmente jurídica y legal, que se relaciona prioritariamente con series extensas y complejas de leyes, estipulaciones e interpretaciones legales, y con la aplicación sistemática, ordenada y equitativa de ese sistema de valores y preceptos. La imagen visual que se evoca y transmite al hablar de la justicia en las sociedades contemporáneas es la de una mujer, con los ojos vendados, que tiene una balanza en una mano, y en la otra una espada. El sentido fundamental que transmite es el de la aplicación imparcial y equitativa de la ley.

Esa imagen de la justicia no es la que se revela y afirma en el Antiguo Testamento, que más bien transmite la idea de un anciano sabio que extiende sus manos para apoyar al caído y rechaza al que causa las desgracias de los inocentes. La justicia, desde esta perspectiva bíblica, es la afirmación de un proceso que contribuye a la liberación de alguna persona cautiva, la redención de algún esclavo, la sanidad de algún enfermo y la restauración de alguna persona agraviada.

Entre las raíces hebreas que transmiten la idea de justicia se puede identificar en primer lugar a *tsdq*. Esta raíz, que tiene paralelos en otros idiomas semíticos,[94] comunica la idea de algo

[93] Brueggemann, *op. cit.*, pp. 234-238.

[94] En el árabe, *isdq* tiene un sentido específico y concreto: designa algo que es recto, firme y sólido. La idea que transmite es la de conformidad a una norma. Algo es «justo» o *isdq* si está de acuerdo con lo que debería ser, si responde al propósito original; Jacob, *op. cit.*, pp. 93-94.

que está en conformidad con el propósito para lo cual se creó. Los balances y pesos son justos, y las medidas justas, si están conforme al diseño y como deberían ser (Lv. 19:36; Ez. 45:10). Los sacrificios son justos si se llevan a efecto de acuerdo con las normas establecidas. Y los senderos son justos si se puede transitar por ellos para llegar al lugar adecuado, al sitio donde deberíamos ir (Sal. 23:3). La justicia bíblica se relaciona de esta forma con una especie de patrón o diseño divino que debe respetarse y cumplirse.

Los niveles morales también se ponen de manifiesto al explorar las implicaciones éticas de esta raíz, pues describen las formas de actuar en determinadas circunstancias. Sodoma y Gomorra son más justas que Jerusalén, pues cometieron menos pecados (Ez. 16:52). Y Tamar es más justa que Judá, pues actuó de acuerdo con las normas y las costumbres relacionadas con la práctica de la prostitución (Gn. 38:26). El ambiente de pecado no acerca ni genera la justicia; al contrario, la aleja y la obstruye.

La justicia en el Antiguo Testamento describe las relaciones entre los seres humanos o entre las personas y Dios. De esta forma, la justicia es más bien una acción y un movimiento, no un estado; es dinámica, no estática, y se refiere principalmente a actos concretos y reales que revelan voluntad de lograr objetivos específicos, según lo establecido. Alguien es justo porque trabaja para implantar la justicia, no hace la justicia porque es justo.

La justicia no es un estado ideal ni alguna buena cualidad, sino el resultado específico de un proceso, la culminación de una forma precisa de actuar. El mensaje profético fundamental no es adquirir justicia, sino a ponerla por obra; el objetivo último, según el mandato de los profetas de Israel, es a actuar de acuerdo con la justicia en casos concretos y específicos. El especular sobre las virtudes de la justicia no es un mandato bíblico, sino actuar de forma justa en el momento adecuado.

En relación con Dios, la justicia es una manifestación visible y precisa de la santidad, y también de la esencia misma del Señor en sus relaciones con la humanidad. Entre las manifestaciones reales de la justicia divina se encuentran las siguientes: las intervenciones y liberaciones de Dios en la historia humana y el establecimiento de la alianza o el pacto. Además, la justicia se relaciona con Dios, cuando se afirma que el Señor santo no comete maldad ni iniquidad, que no deja el mal sin castigo, ni el bien en la ignorancia, y que no desea la muerte del pecador, sino que propicia su arrepentimiento y perdón. El concepto también se relaciona con la idea de poder, pues quien implanta la justicia tiene autoridad sobre quienes se imponen las normas.

La justicia divina no puede separarse de la idea del Dios-juez, que se transmite efectivamente en la raíz *shpht,* que en su forma hebrea, *mishpat,* se relaciona con procesos judiciales y legales concretos y específicos.[95] El juzgar que se evoca con esta expresión se utiliza para describir todas las fases de un proceso, no se limita al dictamen de la sentencia. El resultado es para la persona declarada inocente una manifestación de justicia y liberación divina; para la culpable es la implantación del juicio y de la ira de Dios. Cuando los juicios son realizados por Dios siempre se llevan a efecto de acuerdo con las reglas: son rectos y alcanzan su propósito fundamental, que es la afirmación de la santidad y la celebración de la realeza divina.

La justicia de Dios se revela para la liberación de quienes son oprimidos y su restitución al estado adecuado de humanidad (Is. 61:1-3). Es, además, refugio de los fieles y fuente de esperanza y perdón al necesitado. Con el paso del tiempo, el concepto de justicia se relacionó con el de misericordia para poner de relieve la respuesta divina ante el dolor humano y enfatizar la bondad de Dios frente a la desgracia de las personas (Dn. 4:24).

---

[95] Respecto a estos conceptos relacionados con la justicia, ver a Jacob, *op. cit.,* pp. 93-100: Eichrodt, *op. cit.,* pp. 219-228; von Rad, *op. cit.,* pp. 53-468.

Junto al concepto y la teología de la justicia se revela la imagen de Dios como guerrero. Esta forma de hablar en torno a la divinidad presupone una teología que describe a alguien que está al servicio del juez para hacer valer sus veredictos, decretos y decisiones y también para colaborar activamente en la creación de un sistema social, político, económico y religioso que propicie la paz y la justicia en el pueblo.

Se dice en la Escritura que «Jehová es guerrero» (Éx. 15:3),[96] pues actúa de forma valiente y violenta en favor de Israel, para derrotar al faraón de Egipto y triunfar sobre los reyes de Transjordania y Canaán (Éx. 15:1-18). Esta imagen violenta de Dios pone de relieve el deseo divino y la percepción del pueblo de crear un futuro libre de las causas que generan la opresión y la injusticia en la humanidad.[97]

LA IRA DE DIOS

Relacionado también con el tema de la justicia se encuentra el concepto de la ira de Dios. Aunque la justicia representa virtud y liberación para quienes reciben el beneficio divino, las personas y los pueblos que son objeto del veredicto de culpabilidad son objeto de la ira del Señor. La ira es, en efecto, una manifestación importante de la justicia divina.

Las imágenes que se utilizan para describir y articular esas manifestaciones de la ira divina son intensas y vivas, pues ponen de manifiesto expresiones físicas de furor y cólera. Entre las raíces verbales hebreas que describen gráficamente la idea

---

[96] Brueggemann está consciente de las dificultades teológicas que genera esta imagen en la sociedad actual e indica que debemos descubrir una forma más justa y pertinente de interpretar y aplicar estos conceptos. En su teología describe los cambios en significación que debemos añadir a los términos para mantener esas imágenes bíblicas al mismo tiempo que rechazamos los componentes adversos de sentido; *op. cit.*, pp. 241-250.

[97] Brueggemann, *op. cit.*, pp. 241-244.

de la ira de Dios se encuentran las siguientes: *anaph,* que significa soplar violentamente; *yacham,* que alude a algo caliente en extremo; *qetseph*, que se refiere a una gran explosión, y *ebrah*, que transmite la idea de desbordamiento.[98] Estos términos, que revelan la intensidad del sentimiento y lo gráfico y violento de la idea, se emplean con regularidad en relación con Dios, y solo en casos específicos se asocian con las personas.[99] La manifestación de la ira de Dios sobrepasa la capacidad humana de enojo, indignación y cólera.

La teología bíblica entiende el concepto de la ira divina como parte del proceso de implantación de su voluntad en el mundo. Es una manifestación adicional de su soberanía. Es una demostración categórica y firme de su concepto de justicia. En la manifestación de su poder y autoridad, la ira divina está al servicio de la voluntad de Dios para establecer sus propósitos, que a última instancia es la implantación de la justicia, el establecimiento del señorío divino sobre la historia, la tierra y la humanidad y el disfrute de su realeza. En este importante sentido, el día del Señor[100] es efectivamente un día de ira, pues la intervención de Dios viene para implantar la justicia y responder a las acciones humanas de acuerdo con sus actitudes ante Dios y su mensaje.

Ante todo, la ira es una acción firme de Dios, un movimiento divino que revela lo más profundo de sus sentimientos: Dios la manifiesta (Lm. 4:11; Ez. 20:33); la hace subir (2 Cr. 36:16); la envía (Job 20:23; Sal. 78:49), y la cumple (1 S. 28:18; Os. 11:9). Esta interpretación antropomórfica de la ira divina, que era común en el pensamiento hebreo antiguo, le permitió al

---

[98] Jacob, *op. cit.*, p. 111.

[99] Según el estudio citado por Jacob, *op. cit.*, p. 111, *aph* es dicho 170 veces de Dios y en 40 ocasiones sobre el ser humano; *hemach*, 90 veces de Dios y en 25 ocasiones en torno a las personas, y *qetseph* 26 veces de Dios y en 2 ocasiones sobre la gente; Jacob, *op. cit.*, p. 110.

[100] Von Rad, *op. cit.*, pp. 156-161.

pueblo y sus líderes interpretar algunos relatos bíblicos complejos desde esa particular perspectiva.

Esta teología les impelía a comprender a Dios como un ser íntimo, al mismo tiempo que se veía como misterioso, complejo, firme y hasta peligroso: p. ej., la lucha de Jacob con el ángel (Gn. 32); el ataque nocturno a Moisés (Éx. 4:29); pasajes en los cuales se prohíbe ver a Dios o estar en contacto con algún objeto sagrado (Éx. 19:9-25; 33:20; Jue. 13:22; 1 S. 6:7; Is. 6:5). Y aunque en algunos instantes la ira divina es provocada por el pecado de los individuos o las rebeliones de las naciones (p. ej., 2 S. 24:1), en algunas instancias no parece haber explicación lógica alguna (2 S. 21:14).

La infidelidad a la alianza o el pacto genera la ira divina de forma especial. Y la transgresión del pueblo de Israel motiva una manifestación grande de la ira, pues constituye un componente específico y particular del celo de Dios. Ese celo, que describe el amor intenso, exclusivo y extraordinario que manifiesta el Señor por su pueblo, se convierte en ira cuando Israel, las naciones o los individuos responden al amor divino con pecado, infidelidad, falta de lealtad e idolatría.

La ira divina es particularmente fuerte y ardiente cuando el pueblo se aleja del Señor para ir en pos de otras divinidades. En el Pentateuco y en la literatura profética se pone en evidencia clara esa importante correlación entre infidelidad al pacto y la ira del Señor (Dt. 6:15; 11:16; 12:23; Jos. 23:16; 19:9-25; Sal. 79:5; Ez. 5:13; 16:38; 36:6; Nah. 1:2; Sof. 3:8). En torno a las naciones, la ira divina también se manifiesta por motivos morales y éticos.

Una de las imágenes más populares de la ira divina es la de la copa, que transmite también la idea de algo provisional, limitado, transitorio y de tiempo definido (Jer. 25:17). En contraposición a la ira de Dios, que es temporera, se manifiesta la misericordia y el amor que son eternos y se comparan a un manantial de agua inextinguible (Jer. 2:13). Esas características divinas, que se fundamentan en su santidad, son las que hacen que la palabra última de Dios para la humanidad no sea la de ira, sino la de perdón, favor y misericordia (Sal. 30:6).

LA MISERICORDIA DE DIOS

Uno de los atributos más importantes del Dios bíblico se relaciona con la palabra hebrea *hesed*, que tradicionalmente se ha traducido como misericordia, pero que también transmite los sentidos de bondad, gracia y fidelidad.[101] La idea bíblica es amplia y sobrepasa los equivalentes modernos de esa terminología; describe, en efecto, una particular actitud divina que pone de manifiesto su amor extraordinario, su capacidad insuperable de perdón, su deseo intenso de ayudar al menesteroso, su compromiso inquebrantable con la persona que sufre, y su gran anhelo de manifestar su poder redentor. Es un vocablo bíblico que necesita para su explicación clara, comprensión adecuada y traducción precisa, más de una palabra y varios conceptos en castellano.

El análisis etimológico revela que la palabra hebrea incluye en su significado la idea de fuerza y poder,[102] y como se utiliza con cierta regularidad en paralelo con otra raíz hebrea importante —*emet*, que significa firmeza, estabilidad, seguridad y verdad—, transmite conceptos relacionados con las ideas de fortaleza, autoridad y poder. Alude la expresión a un tipo de fuerza que une a dos grupos, y que, en el contexto religioso de las Sagradas Escrituras, describe la unión del pueblo de Israel y Dios. Cuando se utiliza el término para señalar o describir la actitud del ser humano hacia Dios, se puede traducir

[101] Jacob, *op. cit.*, pp. 101-105; Eichrodt, *op. cit.*, pp. 213-219.

[102] Los ejemplos de este uso en el Antiguo Testamento son varios: Is. 40:6; 2 Cr. 32:32; 35:26; 2 R. 20:20; Sal. 62:12, 13; Sal. 144:2; Jon 2:9); Jacob, *op. cit.*, p. 101.

efectivamente con la palabra latina, *pietas*, que pone de manifiesto algunos elementos sicológicos y varios componentes espirituales de la relación, p. ej., fidelidad, compasión, lealtad, adoración, reconocimiento e intimidad.

En la expresión *hesed* también se incorporan aspectos colectivos y sociales que no pueden pasarse por alto. La palabra describe el sentimiento natural que genera la práctica de la bondad, fomenta las actitudes de indulgencia y propicia los actos de misericordia. Estos sentimientos y actitudes se manifiestan libremente, sin coerción legal y sin requerimientos obligatorios; se fundamentan en el amor y se basan en el deseo honesto de servir y ayudar, y en la misericordia. Revelan compromiso con el prójimo, manifiestan respeto por la sociedad, producen actitudes de bondad hacia los grupos.

En este particular sentido sociológico, la palabra *hesed* sobrepasa los límites semánticos de bondad y misericordia, para llegar claramente a los del deber, la solidaridad y la lealtad. Es *hesed* la fuerza que impele al ser humano a actuar con justicia para garantizar que las alianzas y los pactos sean verdaderos, justos y duraderos.

El *hesed* de Dios —en castellano, su fidelidad, solidaridad, lealtad y misericordia— se manifiesta con fuerza a través de la alianza y describe una cualidad fundamental y extraordinaria de Dios: ser siempre fiel a sí mismo y a su voluntad. Esa fidelidad divina es una gran virtud para el pueblo, pues garantiza la bondad divina en medio de la crisis y propicia la liberación que Dios puede manifestar en medio de los cautiverios de la vida. A esa fidelidad, lealtad y misericordia se puede apelar para conseguir el favor divino (Gn. 24:12; 2 S. 15:20; 1 R. 3:6), pues Dios, que es el iniciador de la alianza, no puede abandonar a sus compañeros de proceso y pacto.

Esa cualidad es la que ha permitido que una gran parte de las imágenes literarias que se utilizan en la Biblia para describir la alianza o el pacto de Dios con su pueblo, pongan de manifiesto esos mismos conceptos de lealtad, fidelidad, firmeza y durabilidad que se relacionan con la palabra hebrea *hesed.*

En ocasiones el *hesed* no solo es la fuerza que mantiene la alianza o el pacto, sino que incluso es esencialmente la fuente misma que lo genera, afirma y propicia. Es este sentido la palabra debe ser entendida y traducida como amor o gracia, pues pone de relieve un sentimiento divino importante que no se agota ni se cubre a cabalidad con las palabras misericordia y fidelidad.

En efecto, *hesed* es un término que, aunque inicialmente se relaciona con ideas jurídicas y legales, expresa una serie amplia y muy importante de sentimientos de Dios que nos ayuda a dibujar una imagen más clara de la divinidad veterotestamentaria. Una vez más se subraya el hecho de que el Antiguo Testamento está más interesado en describir las acciones divinas que en explicar su naturaleza desde la perspectiva filosófica.

EL AMOR DE DIOS

El pacto o alianza de Dios con su pueblo se fundamenta claramente en la misericordia y la elección, que son manifestaciones extraordinarias y destacadas del amor divino.[103] En efecto, el amor es la base que mueve la decisión de Dios para relacionarse con intimidad con la humanidad. Esa relación se nutre de una fuerza y dinámica que lleva a un individuo o grupo de individuos a relacionarse con otros, con el propósito de poseerse mutuamente y encontrar diversos niveles de satisfacción. El amor, desde esta perspectiva, es algo más que un sentimiento

[103] El amor divino es una categoría teológica de gran valor ético que tiene prioridad en el estudio del concepto de Dios en la actualidad; es fundamental para el estudio de las relaciones entre los Testamentos y para el estudio de la teología de Jesús de Nazaret; Jacob, *op. cit.*, pp. 106-110.

momentáneo y fortuito; es compromiso, conocimiento, voluntad, certeza y seguridad; es una fuerza voluntaria que requiere firmeza, decisión, sentido de dirección y fortaleza. El amor bíblico es fuerza, deseo y voluntad.

Jeremías, en uno de sus oráculos más celebrados y estudiados sobre la relación de amor y pacto que tendrá con su pueblo, indica:

Hace mucho tiempo se me apareció el SEÑOR y me dijo:
«Con amor eterno te he amado [heb. ahab*];*
por eso te sigo con fidelidad [heb. hesed*], oh, virginal Israel.*
Te edificaré de nuevo; ¡sí, serás reedificada!
De nuevo tomarás panderetas
y saldrás a bailar con alegría».
Jeremías 31:3-4

La raíz hebrea que emplea para expresar en este contexto la realidad del amor divino es *ahab*, utilizada aquí con un doble significado: como acto momentáneo y también como relación a largo plazo. Este término bíblico generalmente es usado cuando el objeto son personas (aunque solo en muy raras ocasiones se refiere a las relaciones entre esposos [p. ej., 1 S. 18:20], o de algún personaje inferior a su superior [p. ej., Dt. 15:16]). Generalmente *ahab* alude a la relación de amor de un superior a algún subordinado, en la cual se manifiesta la misericordia y la solidaridad que se fundamenta en el *hesed*. Cuando el sujeto del amor —*ahab*— es Dios, la mayoría de las veces el objeto de esa manifestación del querer es el pueblo de Israel en su conjunto.[104]

[104] Se pueden identificar tres casos específicos en los cuales el objeto del amor divino son individuos; la referencia, sin embargo, es la monarquía que muy difícilmente se puede explicar como una manifestación divina a todos los individuos; p. ej., 2 S. 12:24 (a Salomón); Neh. 13:26 (también a Salomón); Is. 48:14 (a Ciro). Las referencias a Jerusalén como el objeto del amor de Dios son solo proyecciones del amor divino a su pueblo (Sal. 78:68; 87:2).

El sentido de deseo intenso y de actitud voluntaria que se desprende de la raíz *ahab* también se pone de manifiesto en por lo menos otros tres términos hebreos importantes. En *hashaq*[105] se revela el sentido de relación, ligarse o relacionarse (Dt. 7:7; Sal. 91:14); *haphets* y *ratsha* transmiten la idea de complacerse y disfrutarse (Gn. 34:19; 2 S. 24:23); y en *yada* se revela el concepto de conocerse, en su estado más íntimo, físico y sexual (Gn. 4:1). La frecuencia con que la imagen matrimonial se utiliza en la Escritura para describir las relaciones de amor entre Dios e Israel —p. ej., en el Libro del profeta Oseas— son una clara evidencia de lo intenso del amor divino, que se fundamenta en la elección y en la voluntad.

De acuerdo con el testimonio bíblico, el amor de Dios se puede definir como una manifestación extraordinaria de su gracia y también como un proceso educativo transformador. Como el amor divino no está condicionado y se manifiesta de forma espontánea y firme, es ciertamente una expresión grata de su soberanía, una demostración espectacular de su poder, una revelación novel de su voluntad.

El amor de Dios es una manifestación de su gracia que revela la libre decisión divina. Ese carácter gratuito y cordial del amor divino se pone en evidencia en el Libro del Deuteronomio (Dt. 9:3; 10:14, 15; 32:10) y llega a su clímax en los mensajes de Amós (Am. 3:2), Oseas (Os. 1–3; 9:10) y Ezequiel (Ez. 16:1-52).

La teología del Antiguo Testamento ha intentado responder al misterio del amor de Dios, que se manifiesta de forma concreta en la elección divina del pueblo de Israel. Las explicaciones racionales de la elección de Israel, que identifican el amor de Dios como el componente fundamental e indispensable de esa relación y pacto, tienen por lo menos cuatro vertientes principales.[106]

[105] Jacob, *op. cit.*, pp. 103-113.

[106] Jacob, *op. cit.*, pp. 108-109.

1. Dios ama y elige a Israel porque se comprometió firmemente con los patriarcas y matriarcas (Dt. 4:37; 7:7-8; 10:15).

2. Dios ama a Israel por las promesas que le hizo a Davis, su siervo (2 R. 19:34; Is. 37:35).

3. Dios ama a Israel por causa de sí mismo, particularmente por honrar su nombre (Sal. 79:9; 106:8; Is. 41:21; Jer. 14:21).

4. Dios ama a Israel para castigar la maldad de las naciones (Dt. 9:4-5).[107]

Un segundo componente es fundamental para entender la naturaleza y extensión del amor de Dios en el Antiguo Testamento: las implicaciones educativas del amor divino. Según la pedagogía profética, el amor de Dios tiene como propósito último llevar a efecto su voluntad, que representa el reconocimiento, establecimiento y aprecio de la presencia y el señorío divino en el mundo.

La finalidad del amor de Dios es manifestar su soberanía para que la humanidad conozca las implicaciones reales y concretas de su voluntad para con los individuos, las naciones, el mundo, la naturaleza y el cosmos. Esa noción no está reñida con la ira divina pues los procesos pedagógicos deben disciplinar al educando para descubrir las virtudes y repercusiones de esos importantes procesos transformadores (Pr. 3:12).

[107] Aunque esta reflexión teológica en torno a la elección hizo que el pueblo, en ocasiones malentendiera sus relaciones con Dios, generando un sentimiento de exclusivismo rígido, enajenante y excluyente, el mensaje de los profetas les hizo entender las implicaciones y responsabilidades de ser un pueblo elegido por Dios; además, les motivó a vivir de acuerdo con las exigencias de esa revelación de Dios.

Capítulo 5

EL DIOS QUE INTERVIENE

El Espíritu del SEÑOR reposará sobre él:
espíritu de sabiduría y de entendimiento,
espíritu de consejo y de poder,
espíritu de conocimiento y de temor del SEÑOR.
Isaías 11:2

MANIFESTACIONES DE DIOS

Una característica fundamental del Dios bíblico es su soberanía, que manifiesta en medio de la historia y los tiempos su voluntad liberadora y su capacidad de intervención. Sin embargo, como su naturaleza es esencialmente espiritual e invisible, ningún medio es suficiente para agotar las posibilidades de su manifestación extraordinaria en el mundo.[108]

De acuerdo con varias narraciones bíblicas, el Dios de Israel es una divinidad a la cual el ser humano no puede mirar ni contemplar cara a cara, como se pone de relieve en el caso de las revelaciones a Moisés en el Sinaí (Éx. 19:9) y a Isaías en el templo (Is. 6:1): ellos pudieron ver únicamente las espaldas del Señor o el borde de sus vestiduras. Ese Dios espiritual, lleno de poder y misterios, que está parcialmente escondido, utiliza su autoridad para manifestar su voluntad y virtudes a través de

[108] Jacob, *op. cit.*, pp. 74-85.

los fenómenos normales de la naturaleza, al mismo tiempo que toma diversas formas humanas,[109] angélicas y simbólicas para transmitir sus deseos a la humanidad.

En esencia, el Dios bíblico es espiritual e invisible; sin embardo, esas características inefables no opacan su particular sentido de presencia y su deseo de intervención en medio de las realidades cotidianas del pueblo. En efecto, el Señor es un Dios de presencia en la historia y la sociedad. Junto a esas características de peculiaridad, invisibilidad, presencia y espiritualidad, se afirma que es un Dios único y celoso, que no acepta la lealtad compartida y que expresamente rechaza la adoración a otras divinidades o ídolos (Éx. 20:1).

En las religiones antiguas, las divinidades se concebían originalmente como un tipo peculiar de personificación de las fuerzas de la naturaleza.[110] El Dios bíblico, sin embargo, aunque se manifiesta con autoridad en las diversas fuerzas del cosmos es independiente a esas dinámicas y es Señor de todo lo creado. Las fuerzas catastróficas del fuego, el volcán, los vientos, el relámpago y los terremotos son solo instrumentos de Dios; representan oportunidades buenas y especiales de intervención divina.[111] Esas dinámicas de revelación divina se presentan claramente en los relatos históricos y poéticos de las teofanías en el Sinaí (Éx. 19:19; 20:18; Job 37:5; Sal. 29:3). En efecto, Israel

[109] Las apariciones de Dios en forma humana no son muy frecuentes en el Antiguo Testamento; se incluyen particularmente en las revelaciones de los profetas que se animan a presentar imágenes de Dios en varias formas humanas (p. ej., 1 R. 22:19; Am. 9:1; Is. 6:1). Aún menos frecuentes son las representaciones de Yahvé en forma de animales.

[110] El caso particular de Babilonia es revelador: los dioses Shanash, Ishtar y Ea representan respectivamente las fuerzas del sol, la luna y las aguas; Jacob, *op. cit.*, p. 75.

[111] En la Biblia, los fenómenos de la naturaleza que más se relacionan con Yahvé son el fuego, la tormenta y el terremoto, que revelan no solo el poder divino, sino que manifiestan cierto nivel de misterio que le brinda al Dios bíblico su naturaleza única y especial.

entendía que podía ver a Dios y disfrutar su naturaleza santa a través de esas manifestaciones especiales en la naturaleza.

El relato particular de Elías en el monte Horeb es digno de mencionar. El famoso profeta de la ciudad de Tisbe, en una experiencia trascendental, ve pasar ante él sucesivamente el viento, el terremoto y el fuego; posteriormente se dio cuenta que esas manifestaciones visibles y extraordinarias de Dios eran solo el preámbulo de un tiempo y período de revelación más clara, directa y diáfana (1 R. 19): ¡el silbo apacible de la palabra divina!

En la Biblia se pone claramente de manifiesto que el Señor controla las fuerzas de la naturaleza para hacer conocer su voluntad. Esas fuerzas no son ni representan a divinidades independientes, son instrumentos divinos que sirven de medio para las manifestaciones especiales de Dios. Desde la teología bíblica, la naturaleza, como fue creada por Dios, sirve de vehículo para revelar su gloria, majestad, potestad y voluntad.

EL ÁNGEL DEL SEÑOR

La figura del ángel del Señor en el Antiguo Testamento ocupa un puesto destacado entre los seres celestiales que forman parte de la corte de Dios.[112] Esa corte divina, en efecto, puede ser efectivamente caracterizada de misteriosa, desconcertante, huidiza, polivalente y compleja. El sustantivo hebreo *mal´ak*, del cual procede la traducción de ángel en castellano, se relaciona con una raíz que en otros idiomas semíticos transmite en su sentido primario la idea de enviar y transmitir un mensaje.[113] Desde esta perspectiva etimológica, el ángel o *mal´ak*

---

[112] En torno a la corte del Señor y las potencias celestiales como servidoras del Señor, ver a Eichrodt, *op. cit.*, pp. 199-213.

[113] Tanto en árabe como en ugarítico y etíope se repite la raíz *la´ac* con el mismo sentido de enviar con algún tipo de mensaje que es importante comunicar; Jacob, *op. cit.*, p. 77; Eichrodt, *op. cit.*, pp. 33-38.

es esencial y prioritariamente un mensajero que transmite la información que se le ha encomendado. Y aunque el alcance y las responsabilidades del mensajero, de acuerdo con las circunstancias, pueden variar, la función básica e indispensable de este importante personaje bíblico es la de comunicación; en efecto, el ángel del Señor sirve prioritariamente para transmitir y afirmar la voluntad divina al pueblo.

Desde la perspectiva bíblica y teológica, el mensajero o ángel del Señor puede representar en su encomienda a Dios mismo, aunque en ocasiones las dos figuras no se pueden distinguir claramente. El particular caso de la bendición de Jacob (Gn. 48:15-16) pone de relieve la fusión y la continuidad entre los dos personajes: en este pasaje, el ángel adquiere características divinas pues es protector del pueblo, participa activamente en la vida de la comunidad y revela rasgos humanos distintivos, al mismo tiempo que se identifica y denomina claramente no como el Señor, sino como su ángel, el enviado divino.

El ángel del Señor es un mensajero divino destacado e imprescindible. Actúa como guía y protector de la gente fiel y especialmente se relaciona y protege a los profetas de Israel (Gn. 24:7, 40; 1 R. 1:3, 15). También interviene en la historia del pueblo como agente de juicio o exterminador, capaz de llevar peste y destrucción de parte del Señor (2 S. 24; 2 R. 19:35). Inclusive el ángel ha sido visto como el mismo juez celestial (2 S. 14:7, 20; 19:28; Zac. 3). Como enviado del Señor, el ángel interviene de forma destacada en la historia y la vida del pueblo para ayudar a Moisés y a los hijos e hijas de Israel durante la liberación de Egipto (Éx. 14:19; 23:20; 32:34; 33:2; Nm. 20:16).[114]

[114] Es importante notar en los relatos bíblicos que no siempre se trata del mismo ángel, aunque pueden llevar a efecto funciones similares en la historia. En la antigüedad, y en el contexto de las religiones politeístas —p. ej., en Egipto y Babilonia—, varias de las responsabilidades asignadas al ángel de Yahvé se asociaban con diferentes divinidades. En el desarrollo de la teología bíblica, únicamente el ángel cumple responsabilidades de comunicación de

Varios relatos bíblicos ponen de manifiesto la relación íntima entre el ángel del Señor y Dios mismo. Posiblemente por la coincidencia de las palabras emitidas y la similitud en las formas de revelación y aparición, con el paso del tiempo la figura del ángel se fusionó con la del Señor. Es ese el caso del ángel divino que se le aparece a Agar (Gn. 16). Al principio de la narración se afirma claramente que Agar se comunicaba con el mensajero del Señor; posteriormente, en el mismo relato, se indica que Agar vio al Señor (Gn. 16:13).

Esa singular interpretación teológica coincide también con la afirmación del ángel del Señor que le dice a Jacob: «Yo soy el Dios Betel» (Gn. 31:11-13). Y en la misma tendencia teológica están las presentaciones del ángel en primera persona del singular (Gn. 21:18; 22:11),[115] y en relatos que se repiten y en una narración se alude al Señor y en la otra se identifica al ángel de Dios (p. ej., Éx. 12:32).

En diversos relatos bíblicos las funciones del ángel del Señor y las de Dios son intercambiables: quien ve al ángel también puede decir que ha visto al Señor (Gn. 16:13; Jue. 6:22; 13:22). Y aunque en momentos el ángel tiene en su mano la espada desenvainada —p. ej., para prevenir al pueblo de algún peligro o calamidad (Nm. 22)—, su misión prioritaria, básica y fundamental es bienhechora, grata y de bondad (Gn. 24:7-10; Éx. 33:2). Solo en casos aislados y específicos el ángel del Señor ha intervenido en la historia para traer castigo al pueblo (2 S. 24:16; 1 Cr. 21:16).

la voluntad divina y las divinidades extranjeras son relegadas a un plano muy secundario que no pueden transmitir la revelación de Dios; Eichrodt, *op. cit.*, pp. 33-34.

[115] No podemos explicar la identificación de la forma de hablar del ángel con el yo de Yahvé como una fusión estilística, pues los dos personajes mantienen su identidad y particularidades. Posiblemente este estilo literario describe una forma de hablar que pone de manifiesto la importancia de la persona que envía el mensaje; Eichrodt, *op. cit.*, p.36.

La misión del ángel puede ser comparada con la del profeta que, aunque se identifica plenamente con el Señor, mantiene su misión, valor, identidad y personalidad.[116] El ángel solo adquiere vida en virtud y en función de la voluntad divina, pues no es un agente aislado e independiente en su actuar, sino el que transmite y revela la voluntad de Dios al pueblo: se manifiesta únicamente cuando el Señor tiene alguna necesidad específica de comunicación.

Con el paso del tiempo, esa característica singular del ángel divino permitió que en el período intertestamentario, y para responder a las nuevas realidades sociales, políticas y religiosas del pueblo, se desarrollara con fuerza la angeología (ver Jn. 5:1-18). Esa singular vertiente teológica cumplió una función destacada en la teología del Nuevo Testamento, particularmente en la literatura apocalíptica (p. ej., Ap. 10; 14:6-19; 15).

EL ESPÍRITU DE DIOS

Dios interviene en la historia de muchas maneras para manifestar su voluntad, gloria y hacer valer su soberanía en el mundo. Y aunque hay formas simples y sencillas de revelación divina, también el Antiguo Testamento incluye conceptos filosóficos y teológicos complejos, que ponen de manifiesto la capacidad y el deseo divino de intervenir en medio de la humanidad, junto a la reflexión ponderada y seria de los escritores de la literatura bíblica.

Una de esas formas complejas de intervención divina se relaciona particularmente con el concepto del Espíritu, que para las religiones antiguas era importante, y para la fe bíblica,

[116] Como el ángel del Señor no se menciona por los grandes profetas de Israel, se ha pensado que el profeta, con el paso del tiempo, tomó el lugar del ángel de Yahvé como agente de comunicación de la palabra divina; Jacob, *op. cit.*, pp. 77-78. El título de «ángel del Señor» que se le da a un profeta puede ser un indicio de esa tendencia teológica (ver Hag. 1:13).

indispensable. El Espíritu representa la vida y esencia misma de Dios, y esa vida está en diálogo con la humanidad para intervenir en el momento oportuno.

La comprensión adecuada del concepto bíblico del Espíritu se debe iniciar con el análisis de las palabras utilizadas en los idiomas bíblicos. El término hebreo, *ruah*, al igual que el griego, *pneuma*, transmiten principalmente la idea de «viento», y aluden al viento que opera en la naturaleza y al aliento o respiración humana.[117] En este sentido primario, el Espíritu de Dios[118] es la fuerza indispensable que mueve a la creación y, a la vez, es la energía que da vida y aliento a la humanidad.

En la antigüedad los vientos y el aliento eran considerados dinámicas complejas, inexplicables y misteriosas, aunque también se relacionaban directamente con la creación,[119] la vida y la fecundidad. Desde esa perspectiva, el Espíritu de Dios se identifica como portador de vida, como agente de acción en la naturaleza, como la dinámica que mueve lo externo de la creación y como energía que moviliza lo interno de las personas. Su intervención generaba en Israel respeto, admiración, reverencia, temor y santidad.

El ser humano existe y vive porque Dios le ha insuflado directamente su soplo de vida (Gn. 2:7), porque el Espíritu divino le ha visitado y porque el *ruah* del Señor le acompaña

---

[117] Ver particularmente a Eichrodt, *op. cit.*, pp. 119-124.

[118] Mantenemos la forma de escribir «espíritu» en minúscula en el Antiguo Testamento, pues en relación con la teología más elaborada del Nuevo Testamento que se desarrolla la importante doctrina cristiana de la Trinidad, que identifica al espíritu divino como la tercera persona de la Trinidad y se representa gráficamente con la mayúscula en «Espíritu».

[119] La lectura tradicional de Gn. 1:2, que alude a que «el espíritu se movía sobre la faz de las aguas», puede ser traducida como «el huracán divino» o «el viento poderoso de Dios», que para algunos exégetas parece ser la intención del autor (p. ej., Eichrodt, *op. cit.*, pp. 56-57); la expresión hebrea «de Dios» se utiliza en la Biblia ocasionalmente como un superlativo (p. ej., en Gn. 10:9, (DHH) la frase «gran cazador» literalmente en hebreo dice: «cazador de Dios».

continuamente. La separación del cuerpo y el espíritu en el ser humano corresponde a su muerte, pues la vida se relaciona con la misma presencia del espíritu. De esta forma la Biblia afirma que el Espíritu de Dios es siempre superior a las personas, y que la vida humana no depende de la casualidad ni de algún movimiento fortuito de la naturaleza, sino de la soberana, extraordinaria, clara y directa intervención divina. ¡El Espíritu de Dios es ciertamente agente de vida!

Este concepto del Espíritu de Dios también se relaciona íntimamente con la teología de la creación.[120] El mundo no fue creado como resultado de la lucha de las divinidades antiguas, sino que es una manifestación clara de la soberanía de Dios y es el resultado de la acción de su palabra poderosa. El Espíritu de Dios domina sobre las fuerzas de la naturaleza y el poder divino se sobrepone a las dinámicas del caos que luchan contra el orden que Dios desea establecer en el mundo (Gn. 1:2).

La intervención del Espíritu de Dios en las dinámicas históricas del pueblo es importante. El soplo de vida, el aliento vital y la fuerza divina se conjugan para identificar y comisionar personas para que contribuyan de forma destacada en la implantación de la voluntad de Dios en la historia nacional de Israel. Personas desconocidas e insignificantes fueron llamadas, transformadas y capacitadas por el Espíritu del Señor para llevar a efecto tareas extraordinarias de liberación, y para lograr victorias espectaculares contra enemigos formidables del pueblo. Gedeón (Jue. 6:34), Jefté (Jue. 11:29), Sansón (Jue. 13:25; 14:6-19; 15:14) y Saúl (1 S. 10:6; 11:6) son magníficos ejemplos de personas utilizadas por el Espíritu del Señor para avanzar la voluntad divina en la historia de su pueblo y en la naturaleza. Además, las intervenciones del Espíritu de Dios se hacen patentes en los grupos o hijos de los profetas (1 S. 10:6), en las visiones, revelaciones y

[120] En torno a los relatos de la creación en Israel y en las culturas semíticas antiguas, ver a Eichrodt, *op. cit.*, pp. 101-132; von Rad, *op. cit.*, pp. 184-217.

oráculos proféticos (Ez. 37), en las sanidades de enfermos (1 R. 17) y en la apertura del mar o el río para que el pueblo de Israel llegara a la tierra prometida (Éx. 14; Jos. 1). ¡En efecto, es un Dios que con su Espíritu interviene en la vida y la naturaleza de forma oportuna, creadora y espectacular!

Con la llegada de la monarquía y la institucionalización del sistema político, militar y económico en Israel, se relacionó el poder divino con las figuras de autoridad en el reino, no necesariamente con el misterio que se comunica con las intervenciones del Espíritu del Señor. De esta forma el Espíritu salió del ámbito de lo nacional inexplicable y lo político milagroso, para desempeñar un papel protagónico en el profetismo. Además, el desarrollo de los sistemas religiosos institucionalizados, complejos y elaborados, movió aún más las percepciones y reflexiones del Espíritu de las instituciones religiosas, dominadas por los sacerdotes y los círculos proféticos carismáticos.

De esa forma los profetas, que eran conocidos como «hombres de la palabra» también fueron con el tiempo reconocidos como «hombres del Espíritu». Esa nueva designación es importante y pertinente, por la naturaleza de sus funciones de comunicación y también por sus reflexiones y percepciones en torno al Espíritu (Os. 9:7). Lo que identificaba y distinguía al «hombre del Espíritu» era su intimidad, capacidad de comunicación y su función de mensajero en representación del Señor Todopoderoso.

Dios se hace presente en la historia y en la humanidad por medio del Espíritu. La revelación de la voluntad divina se hace notar en el mundo mediante las acciones del espíritu a través de los profetas, la naturaleza y los eventos históricos. Con el tiempo, la teología bíblica comprendió que esas intervenciones del espíritu tenían más poder que las fuerzas militares y más autoridad que los sistemas políticos. Esa comprensión teológica se revela claramente en el mensaje del profeta Zacarías:

Así que el ángel me dijo:
«Esta es la palabra del SEÑOR para Zorobabel:
"No será por la fuerza ni por ningún poder,
sino por mi Espíritu
—dice el SEÑOR Todopoderoso—"».
Zacarías 4:6

LA PALABRA DE DIOS

A través de la palabra, el Dios viviente se manifiesta a Israel. Esa actitud y compromiso divino llega a su expresión máxima, de acuerdo con el testimonio del Nuevo Testamento, en la figura de Jesús de Nazaret, que es también conocido como el Verbo o la Palabra divina (Jn. 1:1). A la palabra de Dios se le da importancia capital desde las primeras narraciones de la creación (Gn. 1:1-3)[121] hasta en los oráculos proféticos (Is. 46:7), pues se manifiesta en ella algo más que su voluntad: se pone de manifiesto la esencia divina, se revela algo importante de la naturaleza misma de Dios. La palabra de Dios no es solo un decir, es el encuentro de lo eterno con el tiempo, lo divino con lo humano, lo extraordinario con lo ordinario. Esa singular característica divina contrasta ampliamente con el silencio de los ídolos y la incapacidad de comunicación de las divinidades de las naciones (Is. 41:22; 43:20).

Para poner en justa perspectiva la importancia de la palabra de Dios en la época veterotestamentaria, debemos tomar en consideración el contexto de las creencias del antiguo Israel y las naciones vecinas.[122] ¡La palabra era más que la emisión de

[121] En otras culturas antiguas —p. ej., en la sumeria, egipcia y babilónica— también se afirmaba el poder creador de la palabra de los dioses; sin embargo, estas intervenciones solo se llevaban a efecto en acontecimientos aislados; ver a Jacob, *op. cit.*, pp. 125-126.

[122] Respecto al análisis de este concepto, ver a Jacob, *op. cit.*, pp. 125-131; von Rad, *op. cit.*, pp. 193-198; Echroidt, *op. cit.*, pp. 75-87.

sonidos! Al articularla, la palabra se constituía en realidad que se materializaba, era una especie de acción a la que no se podía impedir su eficacia una vez pronunciada. Luego de haber sido dicha, la palabra cumplía su propósito, pues tenía una especie de vida independiente de quien la articulaba.

Esta percepción en torno a la palabra llega a su máxima expresión en el pronunciamiento de bendiciones y maldiciones. En esos contextos, la palabra tenía funciones positivas y negativas que se llevaban a efecto, aunque quien las pronunciara se retractara de su intención inicial. Una vez dichas, las palabras cumplían sus funciones, según las percepciones antiguas del concepto.

Dos son los vocablos hebreos que tradicionalmente se han traducido al castellano por el término «palabra»: el primero es *dabar,* cuya raíz transmite esencialmente el sentido de estar detrás y empujar; y *amar,* que se deriva de una raíz que se asocia con las ideas de ser elevado o ser claro. Estas consideraciones etimológicas iniciales apuntan hacia los siguientes sentidos primarios del término «palabra» en el Antiguo Testamento: podría ser definida como la proyección de algo que está atrás y necesita ponerse adelante que, además, debe destacarse, elevarse, enfatizarse. Como el *dabar* es tan realista y concreto —al punto que se funde tanto con el nombrado que se convierte en lo que identifica propiamente (Gn. 20:10; 22:1, 20; 40:1; 48:1)—, se manifiesta en la mentalidad hebrea una muy clara continuidad e intimidad entre el pensamiento y la acción. En este sentido, la palabra es la manifestación audible del pensamiento, la acción y la voluntad. En el mundo hebreo antiguo no hay distancias entre la palabra que identifica alguna realidad y la realidad misma.

Una característica básica se pone en evidencia al estudiar la teología de la palabra divina en la Biblia. El Dios de la Escritura guía, dirige, orienta e inspira la historia humana a través de su palabra. Estas intervenciones extraordinarias del Señor comienzan desde el momento inicial de la creación (Gn. 1:1), hasta llegar a su expresión óptima en la vida y ministerio de Jesús de Nazaret, el Verbo de Dios o la Palabra Divina que se hizo carne (Jn. 1:1, 14). Es en la historia que la palabra se manifiesta y es eficaz; y las intervenciones de la palabra divina en la naturaleza son solo una expresión adicional de su interés histórico, real, concreto y específico.

La palabra divina cobra fuerza y acción en las leyes y en los oráculos. En sus orígenes, las leyes no eran códigos legales estáticos, definidos, específicos e inalterables. Esencialmente eran guías, recomendaciones para la convivencia adecuada, instrucciones para la implantación de la justicia y directrices para el disfrute de la paz. Precisamente por esas características llenas de dinamismo, las leyes se conocían en hebreo como *debarim*, que significa «palabras» (ver Éx. 20:1; 24:3, 4, 8; 34:1, 27, 28). Ese cuerpo de leyes era parte de la revelación o palabra de Dios, y el ser humano debía reconocerlo y apreciarlo como parte de la voluntad divina; por tal razón se convirtió en la ley de Moisés, que era el centro espiritual, ético, moral, político y legal del pueblo de Israel.

Los profetas heredan esa tradición respecto a la Ley y se convierten en sus representantes, analistas, intérpretes y comentaristas. Sin embargo, como eran personas de la palabra[123] y también eran agentes libres del Espíritu. Como los profetas poseían una relación íntima y particular con Dios, que les permitía la revelación personal y directa, la interpretación tradicional de la Ley quedaba subordinada a las nuevas convicciones proféticas, que se fundamentaban en la palabra divina y las revelaciones de Dios, y también en las necesidades del pueblo.

De singular importancia es comprender que la diferencia fundamental y más importante entre las leyes o los *daberim*

---

[123] Los profetas recibían regularmente peticiones de orientación de diversos sectores de la comunidad, a quienes respondían con mensajes de parte de Dios (p. ej., 1 R. 14:5; 1 R. 22:5-13; Jer. 18:18).

y los oráculos proféticos es que mientras las primeras tenían valor permanente para la comunidad, los segundos se relacionaban con las realidades precisas y concretas del pueblo, en un momento determinado y particular de la historia.

La relación entre la palabra de Dios y los profetas es dinámica, como se pone de manifiesto al estudiar el caso de Jeremías. El profeta de la ciudad de Anatot es movido de forma extraordinaria por una fuerza divina que en momentos aplasta y destroza (Jer. 20:9), y en ocasiones le llena de felicidad (Jer. 15:16).

Es una relación de intimidad en la cual el profeta incorpora en su pensamiento niveles noveles de la palabra de Dios para, posteriormente, transmitirlos como oráculos divinos a su comunidad (Is. 6). Los cambios sustanciales en la vida del profeta son evidencia de esa experiencia de transformación y renovación. Sin embargo, la palabra sobrepasa siempre la persona del profeta cuya función básica es comunicarla, pues su finalidad es la de un mensajero,[124] un emisario de la voluntad de Dios.[125]

La teología de la palabra divina llega a su expresión óptima en los mensajes que se incluyen en el Libro del profeta Isaías, particularmente en su segunda sección (Is. 40–55). Al comienzo de la obra se indica que la palabra divina subsiste eternamente (Is. 40:8) y al final se revela que esa misma palabra es eficaz y pertinente (Is. 55:11). Mediante esa palabra, Dios transmite el sentido de los acontecimientos de la historia y los da a conocer de antemano (Is. 41:4; 43:10; 44:6; 48:12), pues siendo el

---

[124] Es muy interesante e importante notar que las fórmulas de comunicación profética son similares a las fórmulas de comunicación de un mensajero común, como se pone de relieve en Nm. 22:16; Jue. 11:12; 1 R. 20:3; 22:27; 2 R. 18:28.

[125] La permanencia de la palabra divina está garantizada en la sucesión profética que fue prometida a Moisés, según el testimonio de las Sagradas Escrituras (Dt. 18:15-18).

primero y el último tiene la capacidad de comprender la historia con amplitud e inteligencia de forma extraordinaria.

En el Libro de los Salmos, la teología de la palabra se revela de forma particular. La palabra o el *dabar* de Dios le brinda confianza y seguridad al adorador: la gente fiel espera la sanidad del Señor (Sal. 130:5) y reconoce que la palabra es al mismo tiempo promesa de Dios y *torá*, que significa enseñanza o ley divina (Sal. 119). Además, se afirma que los fenómenos de la naturaleza, como el viento, el fuego y los relámpagos, son emisarios de la palabra divina (Sal. 29:3-5; 46:6). En la literatura sapiencial, por su parte, la palabra se identifica con la sabiduría (Pr. 13:13; 16:20) y se le da autoridad y el reconocimiento de los *debarim*, de la Ley.

El desarrollo de la teología bíblica de la palabra divina produjo dos resultados inmediatos. En primer lugar, preparó el camino literario para la fijación del mensaje profético y de las tradiciones del pueblo. Aunque el proceso de escribir las leyes es antiguo, los profetas estaban interesados principalmente en la presentación oral de sus profecías. Solo en ocasiones aisladas se preocupan por escribir sus mensajes, particularmente cuando deseaban enfatizar alguna acción simbólica (Is. 8). Esa dinámica fue fundamental para agilizar el proceso de redacción y edición de las Escrituras y para propiciar el reconocimiento de autoridad de ese cuerpo literario.

Una segunda tendencia de esta particular teología del *dabar* se relaciona con el proceso de personificación de la palabra, estilo literario que se puso de manifiesto particularmente en la literatura sapiencial. La palabra de esta forma se interpreta y se presenta como una realidad que cae y genera una catástrofe (Is. 9:7) e inclusive como un fuego devorador (Jer. 5:14; 20:8; 23:9). Esta personificación de la palabra divina permite comprender la teología como una manifestación divina análoga al rostro o al ángel del Señor.

LA SABIDURÍA DE DIOS

Una afirmación teológica básica y fundamental del Antiguo Testamento es que el Dios bíblico es sabio (Job 12:13; Is. 31:2). Con esa convicción, las Sagradas Escrituras ponen de relieve la universalidad de su conocimiento, la omnipotencia de sus actos y la omnisciencia de sus decisiones. Frecuentemente en la Biblia la sabiduría se menciona en relación con el conocimiento y la fuerza, para poner de relieve la intimidad de esos conceptos y para subrayar la importancia de esta tendencia teológica. La sabiduría es parte integral de la esencia divina.

En Job 28 se articula poéticamente cómo la sabiduría divina penetra en lo más recóndito de la creación; alude a un tipo de conocimiento similar al que se presenta en el relato de la caída de la primera pareja en el paraíso (Gn. 3:19). Dios posee un tipo de sabiduría extraordinaria que escapa a las posibilidades humanas. El ser humano que llegue a adquirirla, por medio de la desobediencia (Gn. 3:1-19) o la astucia (Job 15:8), irremisiblemente se perderá, pues es una característica que se relaciona únicamente con Dios. Este singular tipo de sabiduría es esencialmente práctica y se manifiesta concretamente en las obras divinas, especialmente en la creación, que manifiesta orden y armonía.

Entre los temas dominantes de la sabiduría están el castigo para quienes actúan en maldad y las recompensas para quienes practican la bondad. El fundamento de ese juicio valorativo es el compromiso con la alianza o el pacto. El sentido de obediencia es fundamental en la manifestación de la sabiduría. De esta forma se unen las teologías de las sabidurías y la del pacto o la alianza. El Dios bíblico manifiesta su sabiduría en su capacidad de entablar pactos con la humanidad. Además, comunica esa sabiduría a los sabios y particularmente al Mesías prometido (Is. 11). Para la comunidad en general, el disfrute y el aprecio de la sabiduría es el reconocimiento y la afirmación de la sabiduría de Dios (Job 28:28; Sal. 111:10; Pr. 1:7; 9:10).

Capítulo 6

EL DIOS CERCANO

Pero ahora, así dice el SEÑOR,
el que te creó, Jacob, el que te formó, Israel:
«No temas, que yo te he redimido;
te he llamado por tu nombre; tú eres mío.
Cuando cruces las aguas, yo estaré contigo;
cuando cruces los ríos, no te cubrirán sus aguas;
cuando camines por el fuego,
no te quemarás ni te abrasarán las llamas.
Isaías 43:1-2

DIOS COMO ALFARERO, JARDINERO Y PASTOR

Una característica importante del concepto de Dios en el Antiguo Testamento es su gran sentido de intimidad y cercanía. Y esa peculiaridad se demuestra claramente en su deseo de dialogar con el ser humano, su respuesta al clamor de las personas enfermas, su apoyo a la gente necesitada, su compromiso con la liberación de los pueblos, su deseo de implantar la justicia y su interés de establecer pactos y alianzas con la humanidad. Estas manifestaciones y actitudes divinas se ponen en evidencia a través de la historia y se descubren al estudiar la literatura bíblica.

En efecto, el Señor está al lado de su pueblo, pues es su creador y formador, además de acompañarlo en los momentos difíciles de la vida. Los escritores bíblicos transmiten esta importante idea de cercanía con una serie de metáforas que evocan actitudes de Dios para nutrir, confirmar y sostener la vida.[126] En las imágenes de alfarero, jardinero y pastor se ponen claramente en evidencia no solo la cercanía e intimidad de Dios, sino también su capacidad artística, su creatividad, su inspiración y su sensibilidad.

El alfarero: La primera de esas imágenes de la relación, cercanía e intimidad es la del Señor como el alfarero. El Señor está vivo y es visto como un gran artista que trabaja el barro diligentemente para crear su pieza de arte. En la elaboración de la imagen literaria, los escritores bíblicos describen varias virtudes y actitudes que caracterizan a este singular artista: habilidad al moldear el barro, creatividad en los diseños artísticos, sensibilidad en las formas de manejar el material primario, delicadeza al mover las diversas partes de la pieza, firmeza para lograr sus objetivos y control de los procesos para cumplir sus metas.[127] La revelación divina al profeta Jeremías fue singular y clara:

En ese momento la palabra del SEÑOR vino a mí, y me dijo:
«Pueblo de Israel, ¿acaso no puedo hacer con ustedes
lo mismo que hace este alfarero con el barro?
—afirma el SEÑOR—.
Ustedes, pueblo de Israel, son en mis manos

[126] La teología bíblica está mucho más interesada en los asuntos éticos que en las dinámicas estéticas; la prioridad fundamental en el análisis teológico del Antiguo Testamento han sido los asuntos morales y las implicaciones prácticas y concretas de las intervenciones de Dios. Sin embargo, las cuestiones de belleza literaria y retórica no son ajenas a la literatura bíblica, que las revela con gran estilo y sensibilidad; ver p. ej., la magnífica obra de Samuel Terrien, que atiende adecuadamente las cuestiones literarias, retóricas y estéticas de la literatura sapeincial; *The Elusive Presence: Toward a New Biblical Theology* (Nueva York: Harper and Row, 1978).

[127] Estas imágenes de Dios como artista no están desprovistas de las implicaciones violentas se este particular trabajo. El caso de Jeremías en casa del alfarero pone en evidencia que ante alguna imperfección, el alfarero puede regresar a la rueda con el barro y deshacer lo que había hecho para iniciar nuevamente el proceso de formación: ver Jer. 18.

como el barro en las manos del alfarero.
Jeremías 18:5-6

De acuerdo con las narraciones bíblicas, el Señor «forma» —o «crea» en el sentido artístico y metafórico de la palabra— al ser humano (Gn. 2:7-8), a los animales y las aves (Gn. 2:19), a la tierra (Sal. 95:5; Is. 45:18) y particularmente a Israel (Is. 43:1, 7, 21; 44:2, 21, 24; 45:9, 11). Se desprenden del uso de estas imágenes dos conceptos básicos: en primera instancia se revela el gran poder creador y artístico de Dios; también se pone de relieve la obligación del «barro» de dejarse moldear y formar por el alfarero.

La finalidad del alfarero —que representa a Dios— es crear una pieza de arte; la responsabilidad del barro —que en la imagen alude al pueblo— es dejarse moldear, que es una referencia a la obediencia de Israel. De esta forma se manifiesta al mismo tiempo la creatividad del artista y el potencial de fuerza y violencia que en momentos debe ejercerse sobre el barro para lograr sus objeticos artísticos (p. ej., Jer. 18:1-11; 19:11; Is. 45:9).

El jardinero: Otra imagen de cercanía, intimidad y creatividad que se utiliza en la Biblia en torno a Dios es la de jardinero. Esta singular forma de referirse a Dios se pone de manifiesto desde las primeras narraciones bíblicas en las cuales se indica que el Señor tiene un huerto o un jardín en el Edén (Gn. 2). La idea de jardín evoca frutos y belleza, y pone de relieve una buena expresión de la creación (Nm. 24:6). La teología del jardinero indica que el Señor plantó a Israel para brindarle seguridad y fecundidad; además, es una forma poética de referirse a la capacidad de intercesión de Dios para hacer cumplir su voluntad y llevar al pueblo a la tierra prometida (Éx. 15:17).[128]

[128] Esta imagen recurre con cierta frecuencia en la literatura profética como una referencia a la pérdida de la tierra durante el período exílico; Brueggemann, *op. cit.*, pp. 256-257.

El pasaje bíblico que le da sentido de dirección a la interpretación de la imagen de Dios como jardinero se encuentra en el cántico de la viña de Isaías (Is. 5:1-7).

La viña del SEÑOR Todopoderoso es el pueblo de Israel;
los hombres de Judá son su huerto preferido.
Él esperaba justicia, pero encontró ríos de sangre;
esperaba rectitud, pero encontró gritos de angustia.
Isaías 5:7

De la lectura del poema se desprenden imágenes positivas de bondad y expectativa en el proceso inicial de la jardinería; también hay referencias adversas al descubrir los frutos negativos de la viña. La imagen revela, en efecto, dos niveles importantes de sentido: en primer lugar, describe la bondad de Dios al iniciar el proceso de siembra (Is. 5:2); y al mismo tiempo, se pone en evidencia clara el juicio divino al indicarse que el jardinero, por causa del fruto malo, va a destruir la viña (Is. 5:5-6). Esta imagen es importante en la teología bíblica pues transmite, a la vez, los valores prioritarios de la bondad de Dios y su capacidad de juicio y destrucción.[129]

El pastor: La imagen del pastor es posiblemente una de las más famosas en la Escritura. Evoca ideas intensas, tales como cuidado, protección, alimentación, vulnerabilidad y dependencia, pues las ovejas necesitan la supervisión y el cuidado intenso del pastor para vivir y sobrevivir. Revela la imagen, además, al Señor como un agente que ama y cuida diligentemente a su pueblo, que denomina sus «ovejas» de forma poética y figurada para subrayar la importancia de la relación íntima entre Dios e Israel.

[129] El Nuevo Testamento continuó con esta imagen de jardinería y llega a su punto culminante en la predicación de Juan el Bautista (Mt. 3:8-10); ver también en torno a este tema: Jn. 15; Mt. 21:14, Brueggemann *op. cit.*, p. 257.

La importante imagen literaria de «pastor», aunque es muy antigua en Israel, se utilizó particularmente con mucha frecuencia durante el período exílico del pueblo en Babilonia. En la Biblia se alude al exilio como el período en el cual Israel estuvo disperso, fuera de la tierra prometida, y lejos de Jerusalén, la ciudad santa. La labor fundamental del pastor, en este contexto de distanciamiento y separación, era una de reunir a las ovejas dispersas, que revela la intensidad de la acción divina, pone en evidencia la importancia de la intervención de Dios y afirma la necesidad del pueblo de ser guiado nuevamente al lugar preciso que el Señor le dispuso (Is. 40:11; Jer. 31:10).

Un pasaje importante en el estudio de la imagen de Dios como pastor se incluye en la profecía de Ezequiel:

El SEÑOR me dirigió la palabra:
«Hijo de hombre, profetiza contra los pastores de Israel;
profetiza y adviérteles que así dice el SEÑOR Omnipotente:
"¡Ay de ustedes, pastores de Israel,
que solo se cuidan a sí mismos!
¿Acaso los pastores no deben cuidar al rebaño?"».
Ezequiel 34:1-2

El poema es una severa crítica a los reyes de Israel —que también eran llamados figuradamente pastores del pueblo— por no cumplir efectivamente con sus labores administrativas, que eran vistas simbólicamente como responsabilidades pastorales. Según el mensaje profético, esa fue una de las causas del exilio del pueblo a Babilonia (ver Ez. 34; Jer. 23:1; 50:6).

La palabra profética de Ezequiel es un pasaje lleno de imágenes y simbolismos, indica que la intervención de Dios generará el regreso de los exiliados a Jerusalén para que disfruten sus tierras (Ez. 34:13-16). En torno a este mismo tema, el Señor se autoproclama como pastor de Israel (Sal. 80:1), pues ayudará a buscar a las ovejas perdidas, hará que regresen las descarriadas, sanará a las enfermas y fortalecerá a las débiles.

La importante imagen bíblica del pastor también hace justicia al concepto de retribución, pues no solo se encargará el Señor de las ovejas necesitadas, sino también que intervendrá con las ovejas que hacen sufrir y oprimen a los débiles. La «oveja gorda», que abusa y explota a las demás en el rebaño, recibirá su recompensa de parte del pastor, que no puede permanecer inactivo ante esas manifestaciones de injusticia contra las ovejas más vulnerables y necesitadas.

Ese contexto teológico y literario es el que enmarca el familiar y popular Salmo 23, que es una de las piezas literarias de la Biblia más conocidas y apreciadas por los creyentes, las iglesias y la humanidad a través de los tiempos: «El Señor es mi pastor...». En este salmo se alude al Señor con una serie importante de verbos: p. ej., confrontar, descansar, guiar, estar, infundir, ungir y morar. Se pone de relieve en estas expresiones poéticas las importantes acciones e intervenciones que debe llevar a efecto el Señor, como pastor de Israel, para hacer que las ovejas puedan alimentarse bien, quedar protegidas y vivir plenamente. El pastor busca para las ovejas un estado de seguridad, salud, bienestar y vida plena.[130] La imagen de Dios como pastor fue tan intensa y bien recibida, que llegó con vigor al Nuevo Testamento y se relaciona con Jesús como el buen pastor (Jn. 10:1-18).

EL DIOS SANADOR

La imagen de Dios como sanador es importante para la literatura bíblica y fundamental para los creyentes a través de la

[130] La imagen del pastor llegó a un nuevo nivel teológico y literario en la figura de Jesús de Nazaret, quien llama a las ovejas por nombre y las ovejas conocen su voz (Jn. 10:3). Además, al evaluar el comportamiento de las multitudes, Jesús indicó que estaban como ovejas que no tenían pastor; Brueggemann: *op. cit.*, p. 261.

historia y la actualidad.[131] Subraya, en efecto, la capacidad, iniciativa y deseo divino de restaurar, rehabilitar y reparar lo que ha sido herido, afectado adversamente y dañado. Es una imagen teológica importante, pues transmite la idea de cercanía y comunica un sentido de intimidad; revela al Dios que nota las dinámicas y los conflictos de la vida que impiden al ser humano, a los pueblos y al mundo funcionar adecuadamente con salud y bienestar.[132]

Una narración bíblica que pone en justa perspectiva esta importante imagen del Dios sanador se encuentra en conclusión de los relatos de liberación y éxodo de Israel de las tierras de Egipto:

Les dijo: «Yo soy el SEÑOR su Dios.
Si escuchan mi voz y hacen lo que yo considero justo,
y si cumplen mis leyes y mandamientos,
no traeré sobre ustedes ninguna de las enfermedades
que traje sobre los egipcios.
Yo soy el SEÑOR, que les devuelve la salud».
Éxodo 15:26

El claro mandato divino al pueblo de Israel, al iniciar una etapa extraordinaria y fundamental de su historia, es a ser fieles a Dios. Las expresiones «escuchar», «hacer» y «guardar» en este pasaje se relacionan directamente con las ideas de lealtad

[131] El tema de las sanidades mediante métodos alternativos es común en la sociedad postmoderna contemporánea. Particularmente relacionados con el movimiento de la nueva era, un gran sector de la sociedad actual afirma la importancia del asunto, que para los creyentes en Cristo es un tema común. Una introducción sencilla e interesante sobre el tema de la postmodernidad y su relación con las iglesias evangélicas es la de Samuel Escobar, Alvin Góngora, Daniel Salinas y Humberto Bullón, *Postmodernidad y la iglesia evangélica* (San José, Costa Rica: IINDEF, 2000).

[132] Para el análisis de este tema se han tomado principalmente las reflexiones de Brueggemann: *op. cit.*, pp. 252-255.

y obediencia. El pueblo debía escuchar atentamente las palabras del Señor y obedecer sus mandamientos, si quería evitar las plagas y enfermedades que Dios había traído a Egipto, para propiciar y facilitar los actos de liberación de los hijos e hijas de Israel. El Dios bíblico, es este contexto, se autoproclama sanador de su pueblo, en un gesto importante de cercanía, en una revelación radical de intimidad y en una manifestación extraordinaria de su poder y autoridad.

El Señor es el médico de Israel, y esa relación de salud y bienestar se fundamenta en la obediencia a la revelación divina. Los programas políticos y administrativos de Egipto son vistos no solo como manifestaciones de cautividad y prepotencia, sino como actitudes generadoras de enfermedades, angustias y dolores. La opresión de Egipto es interpretada por los escritores de la Biblia como propiciadora de maldad, como programa malsano que hiere adversamente las fibras más hondas de la salud de la humanidad. Adorar, obedecer y servir al Dios sanador es una respuesta de esperanza y una afirmación de seguridad contra las enfermedades que se generan en Egipto (Dt. 28:60).

La imagen del Dios que tiene la capacidad y el deseo de sanar tiene varias implicaciones teológicas fundamentales. Revela, en primer lugar, que el Señor puede intervenir en la historia humana para restaurar la salud y el bienestar de alguna ciudad afectada o de las personas heridas o enfermas (ver 2 Cr. 7:14; 30:20; Sal. 60:2; Is. 57:18-19; Jer. 30:17; Os. 14:4). Además, es muy importante notar, en el análisis de este concepto teológico, que la fraseología que se usa en la Escritura para describir los actos sanadores de Dios hacia la humanidad y los pueblos, también se utiliza para presentar la cercanía y la relación íntima entre el Señor e Israel.

El Señor, según estas percepciones teológicas, es el sanador que responde a las plegarias y oraciones de enfermos, agraviados, heridos y necesitados (Sal. 6:2; 41:4); al mismo tiempo, es el sanador y el liberador que restaura las naciones y transforma las ciudades. Esa capacidad de intervención de Dios está íntimamente relacionada con el deseo y las respuestas de obediencia a la voluntad divina que manifieste el pueblo de forma concreta.

El estudio más cercano de esa percepción teológica del Señor como sanador revela varios niveles de sentido que no deben obviarse. Las sanidades del Señor no son solo actos de poder absoluto, sino que además revelan el dolor divino, manifiestan las preocupaciones de Dios, ponen de relieve varios sentimientos que deben identificarse y destacarse. De acuerdo con el mensaje de Jeremías, el Señor promete sanar la infidelidad del pueblo (Jer. 3:22), si el pueblo procede a un «retorno», que es una manera poética de hablar de la importante y necesaria experiencia de conversión, arrepentimiento y transformación.[133]

La sanidad requiere también un sentido de aceptación de la condición humana, un aprecio por la verdad, un reconocimiento humilde de la realidad pecaminosa de la humanidad (Sal. 32:3-5; 38:3-8). Donde hay negación del pecado y rechazo al arrepentimiento no se manifiestan las condiciones espirituales requeridas y los valores éticos necesarios para la sanidad divina. La intervención de sanidad demanda que el ser humano y los pueblos reconozcan humildemente su condición de enfermedad para que se manifieste la salud de Dios de forma plena. La salud es resultado de la revelación grata de la misericordia divina.

Aunque la sanidad está disponible para todas las personas y las naciones, hay causas que impiden su manifestación. El caso específico de la promesa de sanidad a Babilonia pone de relieve este asunto. De acuerdo con el mensaje de Jeremías, a Babilonia le puede llegar bálsamo de sanidad (Jer. 51:8); sin embargo, la

---

[133] El estudio de A. J. Heschel sobre los profetas, particularmente sobre Jeremías, apunta hacia esta importante idea de conversión, *The Prophets* (Nueva York: Harper and Row, 1962, pp. 103-139).

naturaleza e intensidad de su pecado impidió la intervención sanadora del Señor (Jer. 51:9-10). Este relato es un buen ejemplo del uso de una imagen literaria en más de un sentido: Dios puede sanar hasta los enemigos de Israel, al mismo tiempo que no lo hace por el pecado.

En los procesos de sanidades divinas se utilizan agentes humanos. Un magnífico ejemplo de la sanidad de Dios mediada por la actividad humana se revela en las imágenes del Siervo del Señor en el Libro del profeta Isaías.[134] Según el poema que se incluye en Isaías 52:13–53:12, el Siervo, con sus heridas y dolores, se convertirá en un agente especial de salud y bienestar para el pueblo, y esos actos serán fuente de asombro y admiración de las naciones y sus monarcas. Las acciones del Siervo serán utilizadas por Dios para propiciar la salud de la comunidad y afirmar la importancia de las intervenciones divinas a favor de la sanidad física de los individuos y pueblos.

El Nuevo Testamento interpreta nuevamente el mensaje del Siervo Sufriente del Señor de Isaías y lo relaciona con el ministerio de Jesús de Nazaret. De acuerdo con los relatos evangélicos, Jesús es visto como un propiciador y agente de la sanidad divina. En su predicación y enseñanzas, el importante tema de la sanidad ocupa un lugar protagónico, que se destaca firmemente en las narraciones de su labor misionera en la antigua Palestina (Mr. 1:34; Lc. 7:22; 9:11).

Esa sanidad que el Señor Jesús vivía y predicaba, no solamente afecta y bendice a individuos, sino que se manifiesta al resto de la humanidad. En una afirmación teológica universalista del Libro de Apocalipsis, se revela el firme deseo divino de impartir su sanidad inclusive a las naciones paganas (Ap. 22:2). Es muy interesante notar que los atributos de sanidad que en el Antiguo Testamento se relacionan directamente con Dios, en el Nuevo

---

[134] Ver a Pagán, *op. cit.*

se aplican a Jesús. El deseo de rehabilitar individuos y de restaurar comunidades se mantienen vivos en la literatura neotestamentaria al relacionar esta percepción teológica de sanidad con el ministerio de Jesús.

DIOS COMO PADRE Y MADRE

Las imágenes de la relación y familiaridad de Dios con su pueblo se extienden a la familia, pues el Antiguo Testamento se refiere al Señor con imágenes relacionadas con el padre y la madre. Estas referencias a la paternidad y la maternidad de Dios revelan la naturaleza del lenguaje religioso, que es simbólico, poético y polivalente.[135] Es un lenguaje que utiliza las expresiones humanas conocidas para expresar la naturaleza santa, extraordinaria y desconocida de Dios; y se sirve de la comunicación interpersonal común para poner de relieve conceptos teológicos elaborados y complejos.[136]

El Dios padre: Junto a las imágenes del Dios juez, rey y guerrero se pueden identificar y catalogar las afirmaciones bíblicas en torno a la paternidad divina. Todas estas referencias figuradas a Dios ponen particularmente de relieve su poder, autoridad y masculinidad,[137] son expresiones poéticas que apuntan hacia un concepto de Dios soberano y firme, que manifiesta

---

[135] Es interesante notar que en las teologías tradicionales de von Rad, Eichrodt, Zimmerli y Jacob el tema de las imágenes femeninas de Dios no se destaca, aunque en ocasiones se aluda a ellas. Estas obras importantes de teología bíblica reflejan un período de estudios que no enfatizan la inclusividad en los estudios de la Escritura; particularmente no se percataron de la importancia de estas imágenes para el desarrollo de las teologías contextuales que apoyen el proceso de liberación de las mujeres en la sociedad.

[136] Respecto a la naturaleza y extensión del lenguaje sobre Dios, ver a Sallie MvFague, *Methaphorical Theology: Models of God in Religious Language* (Oxford: Oxford University Press, 1987).

[137] Inclusive aluden a la capacidad divina de rechazar con desprecio e ira (Os. 11:4-7).

su poder en el momento adecuado. La comprensión adecuada de estas imágenes, para su aplicación pertinente en la teología contemporánea, requiere que visitemos nuevamente estos conceptos y los revaluemos a la luz de una teología más justa, digna, dialogada y respetuosa de las diferencias en género.[138]

La importancia del estudio del concepto de Dios como padre se desprende de varias afirmaciones bíblicas. En primer lugar, la iglesia cristiana incorporó la paternidad divina como un componente fundamental y destacado de su teología. Desde las oraciones de Jesús (Mt. 6:9-13), hasta las afirmaciones misioneras de los apóstoles (2 Co. 1:3-7), el concepto de Dios como padre se elabora y revela con frecuencia en el Nuevo Testamento (ver, p. ej., Ro. 1:7; 8:15; 1 Co. 8:6; 1 P. 1:17; 1 Jn. 3:1). Esa importancia teológica, que se manifiesta claramente entre los escritores cristianos, se fundamenta en las repetidas declaraciones que sobre Dios se incluyen en el Antiguo Testamento: se indica con regularidad que Dios es el padre de Israel como una afirmación de su soberanía (p. ej., Is. 63:15; 64:8; Jer. 3:4; 31:9). Esta imagen revela al compromiso divino de cuidar, orientar, educar y apoyar a su pueblo.

En pasajes que se presenta a Dios como padre se indica, además, que el Señor contribuye a la identidad del pueblo (Dt. 32:6-18). De esa forma se celebra que el acompañamiento divino a los hijos e hijas de Israel por el desierto de Sinaí, en la experiencia de liberación de Egipto, es una manifestación del apoyo paternal de Dios a su pueblo. El peregrinaje por el desierto

[138] Particularmente en torno a las imágenes paternales de Dios la teología feminista ha reaccionado de forma adversa; en este tipo de idioma masculino ignora la presencia y la contribución del 50 % de los estudios bíblicos y en los análisis contextuales de la teología. Sobre los problemático del idioma masculino sobre Dios, Brueggemann escribió un muy interesante capítulo en *A Social Reading of the Old Testament: Prophetic Approaches to Israel´s Social Communal Life* (Minneapolis: Fortres Press, 1994, pp. 149-173). Una obra fundamental para el estudio de este tema es la de Phyllis Trible, *Gos and the Rhetoric of Sexuality* (Philadelphia: Fortress Press, 1978).

fue el entorno adecuado para que el Señor se relacionara con su pueblo como un padre.[139] Esa misma teología se manifiesta claramente en un muy interesante paralelo poético en el Libro del profeta Malaquías, en la cual se relaciona la paternidad divina con su naturaleza de Dios creador (Mal. 2:10).

Israel, en varios pasajes de la liberación de Egipto, o en las reflexiones posteriores sobre el mismo tema, es llamado «primogénito de Dios», para destacar esa relación paterno filial de Israel con el Señor (Éx. 4:22; Os. 11:1). Se enfatiza en estos relatos la actividad divina en el proceso de crecimiento de un hijo, que requiere diligencia esmerada y atención particular de parte del padre. Estas imágenes e interpretaciones revelan componentes de responsabilidad y preocupación de parte del padre.

La apertura hacia el perdón que observa un padre se revela también en los Salmos (p. ej., Sal. 103:9-14). El Dios bíblico, que también actúa como padre, responde con amor al arrepentimiento sincero del hijo, Israel, cuando el pueblo reconoce su pecado y se allega ante el Señor a pedir e implorar su misericordia. El Dios paternal no responde con juicio, sino con amor y compasión, pues reconoce la fragilidad humana.

Esa tendencia teológica, que posteriormente se manifestó con vigor en el Nuevo Testamento (p. ej., en la parábola del hijo pródigo [Lc. 15:11-32]), se revela también en el Libro del profeta Isaías (Is. 63:15-16), donde también se relaciona la paternidad divina con la compasión y la misericordia, y se identifica esa característica de Dios con el verbo «hacer» que claramente pone de relieve la capacidad artística del Señor.[140]

---

[139] Los verbos hebreos que se utilizan en este pasaje para poner de manifiesto la imagen paternal de Dios son: adquirir, crear y establecer, que ponen de relieve características del poder soberano y creados de Dios; Brueggemann, *op. cit.*, pp. 245-246.

[140] Brueggemann, *op. cit.*, p. 247.

Dios como madre: Aunque las referencias de Dios como madre no son muchas en la Biblia,[141] esta imagen tiene gran importancia teológica y exegética por varias razones básicas y prioritarias. En primer lugar, los estudios de las referencias a las actitudes maternales de Dios con su pueblo son sistemáticamente positivas. No se distinguen en los textos estudiados referencias a las manifestaciones de poder y subyugación que se revelan en otras imágenes de Dios (p. ej., en las alusiones a las imágenes de rey y padre).

La segunda razón de importancia para el estudio de estas imágenes maternales de Dios se relaciona con las contribuciones teológicas que se derivan de ellas. Son significativas las referencias que pueden utilizarse para firmar los procesos de apoyo a las causas de emancipación de las mujeres en la sociedad actual.[142] Estas imágenes femeninas de Dios contribuyen positivamente a ubicar a las mujeres en un nivel adecuado y justo, desde las perspectivas espirituales, sociales, económicas y políticas.

Una manera de abordar el tema es estudiar las preguntas retóricas que sirven para poner en evidencia y en paralelo las imágenes de Dios como padre y madre. De acuerdo con el pasaje del Libro de Números:

---

[141] En torno a estos temas de estudios bíblicos desde la perspectiva de la mujer, pueden encontrar bibliografías extensas en Katheryn Pfisterer Darr, *Far More Precious Then Jewels: Perpectives on Biblical Women* (Louisville: P Wetminster/John Knox, 1991); en Alice Ogden Bellis, *Helpmates, Harlots, and Heroes: Women´s Stories in the Hebrew Bible* (Louisville: P Wetminster/ John Knox, 1994), y Elizabeth Johnson, *She Who Is: The Mystery of God in Feminist Theological Discourse* (Nueva York: Crossroad, 1992).

[142] Entre los estudios que analizan estas imágenes podemos identificar los siguientes: P. A. H. Boer, *Fatherhood and Motherhood in Israelite and Judean Piety* (Leiden: E. J. Brill, 1974); Mayer I. Gruber, *The Motherhood of God in Second Isaiah*, Revue Biblique 90 (1983), pp. 351-359, y Brueggemann, *op. cit.*, pp. 258-259.

¿Acaso yo lo concebí, o lo di a luz,
para que me exijas que lo lleve en mi regazo,
como si fuera su nodriza,
y lo lleve hasta la tierra
que les prometiste a sus antepasados?
Números 11:12

Este pasaje pone de relieve varios componentes importantes e indispensables de la paternidad y la maternidad de Dios. El padre engendra y la madre concibe, en un proyecto común y de complementariedad. En este particular contexto teológico y literario del Pentateuco, estos temas se complementan para firmar la preocupación divina de llevar a los hijos e hijas de Israel a la tierra prometida. El énfasis del texto es la obligación divina de proteger y cuidar a su pueblo,[143] se enfatiza el compromiso de Dios de acompañar a Israel en la hora adecuada y pertinente. Y en ese importante contexto de liberación, las contribuciones de los padres y las madres se ponen en un mismo nivel de responsabilidad.

Estas imágenes femeninas de Dios llegan a su expresión máxima durante la época exílica. Se ponen de manifiesto de forma óptima especialmente en los mensajes que se incluyen en la segunda parte del Libro de Isaías (Is. 40–55). El Señor cargó a Israel desde el vientre (Is. 46:3; 63:9), consuela a Jerusalén como una madre lo hace con su hijo (Is. 66:13) y no se olvida de su pueblo, aunque fuera posible para una madre olvidar e ignorar a sus criaturas (Is. 49:15). En estos pasajes el papel maternal de Dios llega a su nivel óptimo, pues las imágenes revelan una serie de características de intimidad que se evocan con las referencias a la maternidad divina.

[143] En torno a textos y pasajes que ponen en paralelos estas imágenes paternales y maternales de Dios, ver el texto hebreo de Deuteronomios 32:18 (en la traducción de la Reina-Valera no se notan las imágenes), que incluye el mismo sentido de paralelismo, aunque en este último pasaje se destacan los temas de la fidelidad y la obediencia que Israel debe tener ante Dios.

Aunque esas alusiones a Dios como apoyo y misericordia[144] no son nuevas en la Escritura, en los pasajes que se relacionan con las imágenes femeninas del Señor adquieren perspectivas noveles, pues enfatizan una serie de instintos que son característicos únicamente en la experiencia maternal, como son los actos de amamantar, nutrir y alimentar a la criatura.

La compasión de Dios por su pueblo, que es también un acto de misericordia, revela la actitud maternal de la importancia y pone en justa perspectiva los otros atributos divinos que se relacionan con su paternidad. El Dios bíblico actúa como padre y como madre para revelar una gama amplia de sentimientos que no se agotan con el uso de un solo tipo de imágenes divinas.

[144] Según Isaías 63:7, Yahvé manifestó a Israel «sus misericordias» (ver también el texto hebreo de Is. 46:3; 49:15), en un pasaje que utiliza una palabra hebrea que también puede traducirse como «vientre» o «matriz»; Brueggmann, *op. cit.*, p. 259.

Capítulo 7

EL DIOS QUE VIENE

No tengan miedo, mi rebaño pequeño,
porque es la buena voluntad del Padre
darles el reino.
Lucas 12:32

EL DRAMA ESCATOLÓGICO

En el Antiguo Testamento las manifestaciones continuas de Dios en medio de su pueblo se pueden relacionar con la idea de intervención, con el concepto de presencia, en el sentido de acompañamiento. En los relatos escriturales se pone claramente de manifiesto que Dios se revela y viene a su pueblo para responder a sus necesidades más hondas e importantes. Este sentido de intervención y presencia divina superó la teología del Dios escondido, lejano y remoto, y le brindo al pueblo seguridad, intimidad, esperanza y valor.

Junto a las intervenciones de Dios en la historia del pueblo de Israel, la percepción de la presencia divina en las instituciones nacionales y las experiencias personales con el Señor en los actos de adoración, se desarrolló en Israel una esperanza que se podía satisfacer únicamente con la intervención del Señor al final de los tiempos.[145] De forma paulatina la escatología

[145] El análisis de la escatología bíblica que se incluye en este capítulo se fundamenta esencialmente en los estudios de Jacob, *op. cit.*, pp. 296-305.

comenzó a manifestarse entre los escritores bíblicos para responder con pertinencia y de forma teológica a los desafíos continuos que tenían como pueblo. La historia del pueblo no solo tenía niveles reales e inmediatos, sino que adquiría repercusiones al futuro y al porvenir, y descubría dimensiones eternas y escatológicas.

Desde muy temprano en la historia, el pueblo de Israel nutrió y afirmó la esperanza de que en el futuro indeterminado la presencia divina se manifestaría de forma especial y extraordinaria, y que Dios mismo reinaría de manera perfecta en el mundo para llenar la tierra de su conocimiento (Is. 11:9; Hab. 2:14). Esas convicciones teológicas se fundamentan especialmente en la soberanía y el poder de Dios, que claramente se identificaba como superior al resto de las divinidades antiguas.

Las motivaciones básicas de esa esperanza escatológica se basan en la certeza de que el Dios bíblico tenía la capacidad de intervención en la historia para hacer valer su voluntad, como lo había demostrado muchas veces en las vivencias y los peregrinajes del pueblo de Israel (p. ej., el éxodo de Egipto y la liberación del exilio en Babilonia).

Referente a la esperanza escatológica, la realeza del Señor —o la afirmación de que Dios es rey— es un tema teológico de importancia. Presupone un tipo de gobierno ideal en el cual se implanta plenamente la justicia y donde impera la paz, la salud y la seguridad. Sin embargo, las experiencias políticas, militares, administrativas y económicas del pueblo con los monarcas humanos, aunque en momentos podían ser adecuadas, justas y buenas, no satisfacían plenamente las aspiraciones de la comunidad israelita, de acuerdo con los mensajes de los profetas, que luchaban por implantar sistemas más justos en los diversos órdenes de la vida.

Las representaciones del reino de Dios que se llevaban a efecto en las dramatizaciones cúlticas o en los festivales nacionales no satisfacían plenamente las aspiraciones de los profetas. Esas ceremonias no se traducían a las realidades sociales y políticas del pueblo, ni modificaban sustancialmente la conducta de individuos y sistemas que debían implantar los valores morales y éticos del reino de Dios (Is. 1:10-18). Los profetas no solo deseaban anunciar un reino venidero en un futuro indeterminado, sino que también intentaban traducir esas afirmaciones teológicas a las realidades históricas de la comunidad.

La esperanza y la teología escatológica del Antiguo Testamento, que posteriormente se manifestó con fuerza en la predicación de Jesús y en la reflexión pastoral y misionera de la iglesia, se relaciona íntimamente con el concepto del «Día del Señor».[146]

Ya desde la época de Amós (Am. 9:13), este tema cobra dimensión especial en el pensamiento israelita y se convierte, al mismo tiempo, en fuente de esperanza y vida, y temor y preocupación. Era percibido como el día de la revelación extraordinaria de Dios al mundo y la historia humana. Representaba la victoria definitiva de Dios sobre las tinieblas, que aludían al caos primitivo.

Esa singular intervención era también la manifestación del juicio divino para los infieles y la liberación para los fieles.[147] Y aunque el juicio constituye la fase esencial del concepto, el elemento de esperanza se pone continuamente de manifiesto. Se subrayan de esta forma varias ideas importantes, que se asocian

---

[146] Para la evaluación teológica del concepto del «Día del Señor», ver la obra clásica de von Rad, *op. cit.*, pp. 156-161.

[147] La expresión «aquel día» refleja también la teología del Día del Señor; y generalmente alude específicamente a una realidad escatológica (ver Is. 2:20; 3:17; 5:30; 28:5-6; Am. 2:16; 8:9; Os. 2:18), aunque en ocasiones pueden referirse a algún recuento del pasado (p. ej., Éx. 22:28; Jue. 3:30; 4:23; 1 S. 14:23). Otra frase significativa y de gran valor teológico es la fórmula «al final de los días» —o su equivalente «los días que vienen»— que manifiesta claramente el nivel escatológico (Éx. 38:8, 16; Dn. 2:28; 10:14).

directamente con el Dios bíblico, como el amor, la misericordia, la justicia y el perdón.

El Día del Señor irrumpe en la historia como respuesta divina al pecado de la humanidad. Ese juicio definitivo de Dios está motivado por razones teológicas y morales. El pecado ha generado una actitud de rebelión humana contra Dios y su soberanía. En este contexto de juicio, el asunto ético tiene un valor protagónico. El Señor está interesado en la traducción de los valores teológicos que se afirman y practican en las ceremonias religiosas a categorías concretas y específicas de comportamiento. La ética, en este sentido tiene primacía sobre la filosofía; la vida misma y las acciones morales son más importantes que la especulación.

La escatología bíblica incluye, además, la manifestación de un concepto de importancia capital para la teología cristiana. Del juicio divino saldrá un resto leal al Señor; de las intervenciones de Dios se identificará un remanente fiel a la soberanía divina. Este fundamental concepto teológico del resto o del remanente fiel pone de manifiesto el corazón de la teología de la venida de Dios al mundo. El Dios bíblico se hace presente en la sociedad y en la historia. El objetivo es implantar la justicia, que equivale a la manifestación de su voluntad, propicia el juicio definitivo a los pecadores y la revelación de la misericordia a la gente fiel.

Aunque este concepto teológico puede utilizarse con relación a las naciones,[148] específicamente en Israel adquirió una novel dimensión religiosa que revela la voluntad divina hacia la comunidad fiel del pueblo. Revela, en esencia, dos niveles fundamentales de la soberanía de Dios. En primer lugar, indica que solo un resto subsistirá de la catástrofe; al mismo tiempo se afirma que únicamente un remanente sobrevivirá el juicio (es decir, que con la misma imagen se enfatizan las palabras de «subsistencia» y «salvación»). Por un lado, se apunta hacia el

[148] El Antiguo Testamento alude al «resto» de Babel (Jer. 50:24-27), de Aram (Is. 17:2-3), de Filistea (Am. 1:8) y de Edom (Am 9:12).

exterminio; por el otro, revela la redención. En el mismo mensaje se funden los importantes conceptos de temor y esperanza; y aunque el sentido primordial es de juicio, la presencia de la esperanza es un valor fundamental y necesario para su interpretación y aplicación pertinente.

Esta teología escatológica del Dios que viene y se acerca para dialogar con su pueblo, particularmente se revela y destaca en las predicaciones de Jesús de Nazaret (Lc. 12:32), y también en el mensaje apostólico luego de las narraciones de la pasión y crucifixión, y las afirmaciones de su resurrección (2 Co. 1:3-7). El famoso predicador itinerante palestino creció con el tema de la esperanza y las iglesias primitivas, que acogieron y afirmaron sus enseñanzas, incorporaron esta teología en sus programas eclesiásticos.

EL JUDAÍSMO DE JESÚS

De acuerdo con los relatos evangélicos, Jesús de Nazaret vivió, creció, murió y resucitó en medio de la comunidad judía (Mt. 2:1-12).[149] Nació en Belén, una pequeña ciudad de la provincia de Judea; predicó en la Galilea, al norte palestino, y fue llevado a la muerte en Jerusalén (Mt. 27:15–28:10). Su infraestructura familiar fue judía y su educación se informó en las leyes y las teologías de la sinagoga. Además, su percepción de la vida se fundamenta y también se nutre de sus estudios y lecturas de la Ley, los Profetas y los Escritos.[150]

---

[149] El estado de los estudios contemporáneos en torno al llamado «Jesús histórico» están en un período dinámico; para revisar las contribuciones más importantes en torno al tema, ver la obra de Ben Witherington III, *The Jesus Quest: The Third Search for the Jew of Nazareth* (Downers Grove: InterVarsity Press, 1997).

[150] Esta forma de referirse a la Escritura como Ley, Profetas y Escritos ha hecho que la comunidad judía se refiera a sus Biblias como TaNaK: La «T» se refiere a la Torá (o ley), la «N» a los Nebiim (o profetas) y la «K» a los Ketubim (o escritos).

Sus amigos y sus colaboradores más cercanos también eran judíos (Mt. 4:18-22). En su hogar se practicaban las reglas de la vida que se ponen de manifiesto en los escritos y las tradiciones hebreas. En efecto, la teología de Jesús y sus conceptos en torno a Dios y al reino se basan en sus lecturas regulares de las Escrituras hebreas, que los cristianos posteriormente han conocido como el Antiguo Testamento.

El mundo de las ideas religiosas que presupone y que se manifiesta en el ministerio público de Jesús se informa de los textos bíblicos judíos: p. ej., de las narraciones patriarcales, del mensaje de los profetas, de la reflexión en torno a la historia de Israel, y del resto de la literatura poética y de sabiduría de la Biblia hebrea. Aunque ciertamente debe haber recibido la influencia del helenismo y del resto de la cultura romana de la época que se vivía en la Palestina del primer siglo, especialmente en la Galilea, Jesús era esencialmente un líder judío piadoso que se identificó profundamente con varias porciones y teologías de la Escritura.

Fundamentado en esas convicciones teológicas e impelido por un sentido hondo de revelación divina y deber, Jesús decidió comenzar un movimiento transformador que pusiera de manifiesto los valores extraordinarios y necesarios del reino de Dios. Esos valores, que había recibido y aprendido de la literatura profética, y específicamente de los mensajes de Isaías,[151] se constituyeron en la base esencial de su mensaje y en la plataforma insustituible de su movimiento. Esos conceptos teológicos y esas ideas religiosas de Jesús, que se fundamentan en el Antiguo Testamento, se ponen claramente en evidencia en su ministerio, como se revela en sus oraciones (Mt. 6:9-13), sus parábolas (Mt. 20:1-16) y sus enseñanzas (Mt. 5:1–6:5).[152]

[151] Referente a la relación de Jesús con los poemas del Siervo del Señor en el Libro del profeta Isaías, ver a S. Pagán, *op. cit.*

[152] Las referencias a las enseñanzas de Jesús que se fundamentan en el Antiguo Testamento son muchas; para comprender el estado actual de estos estudios, ver Witherington, *op. cit.*

Jesús fue siempre, en efecto, un líder religioso judío que heredó de la teología bíblica de sus antepasados, pero que reaccionó a esos postulados y tradiciones de una forma novel y contextual[153] los antiguos conceptos e imágenes veterotestamentarios del Dios eterno como, entre otros, santo, creador, redentor, jardinero, padre y madre, son pilares básicos en su andamiaje teológico y pedagógico. Y fundamentado en esas percepciones teológicas del pueblo judío, los evangelios canónicos indican que contextualizó su mensaje para hacerlo relevante a las necesidades y los problemas de su comunidad y entorno inmediato.

En Jesús se revela una manera elocuente de relacionar los dos Testamentos; es decir, los cuerpos de literatura religiosa que tienen importancia capital para las iglesias cristianas. En primer lugar, las Escrituras hebreas, que sirvieron de base al pensamiento religioso de generaciones de judíos antes de Cristo; y, en segundo lugar, las interpretaciones de ese material religioso antiguo por las incipientes comunidades que aceptaron el señorío de Jesús el Cristo.

RELACIÓN ENTRE EL ANTIGUO Y EL NUEVO TESTAMENTO

La unidad y la relación entre las dos secciones mayores de la Biblia se subraya en la Epístola a los Hebreos (He. 1:1-2). Dios ha hablado a su pueblo, en primer lugar, por medio de los profetas, y al final de los tiempos se manifestó a través de Jesús, el Cristo de Dios.

De esta forma el Nuevo Testamento indica que la revelación de Dios a la humanidad tiene historia pasada y continuidad al futuro. El Dios que se revela con un deseo salvador al mundo, a través del ministerio de Jesús, ya se había comunicado

[153] Esta manera liberada y nueva de interpretar las Escrituras judías se pone en evidencia en sus lecturas e interpretación de las de la ley de Moisés, según se presenta particularmente el Evangelio de Mateo (ver Mt. 5:13-48).

previamente con la humanidad, particularmente con el pueblo de Israel, para demostrar su soberanía y poder. De esta forma, la nueva revelación divina en Jesús es también antigua; y la previa manifestación de Dios a Israel es, además, preámbulo de lo novedoso de la figura de Cristo.

El estudio de la teología del Antiguo Testamento ha sido a través de los años esencialmente una empresa cristiana.[154] A diferencia de las comunidades académicas y las congregaciones judías,[155] que enfatizan lo real, pragmático y concreto de la experiencia religiosa, la iglesia cristiana generalmente ha pensado y reflexionado en torno a Dios en categorías teológicas y filosóficas sistemáticas. Esa percepción ha propiciado un acercamiento al estudio de la teología de la Biblia que separa —en momentos con distancias casi insalvables— a los dos Testamentos.

Generalmente, al identificar formas de relacionar teológicamente a los dos Testamentos, se piensa en varias categorías o modelos de interpretación.[156] En el modelo de promesa y cumplimiento se afirma que el Antiguo Testamento presenta la promesa divina que posteriormente se cumple en el Nuevo, en la figura de Jesús de Nazaret. De acuerdo con esta interpretación,

---

[154] Inclusive, ha sido un proyecto mayoritariamente protestante; ver a Van Imschoot, *op. cit.*, pp. 13-15.

[155] La reacción judía a la metodología de estudio de la teología bíblica en las comunidades cristianas ha sido generalmente de rechazo; ver, p. ej., Jon D. Levenson, «Why Jews Are Not Interested in Biblical Theology», *The Hebrew Bible, the Old Testament, and Historical Criticism: Jew an Christians un Biblical Studies* (Louisville: Westminster/John Knox, 1993, pp. 33-61); y en Childs, «Jewish Theology», *Biblical Theology of the Old and the New Testaments, op. cit.*, pp. 25-26. Reacciones judías alternas se pueden encontrar en los estudios de M. H. Goshen-Gottstain, «Tanak Theology: The Religion of the Old Testament and the Place of Jewish Biblical Theology», *Ancient Israelite Religion: Essays in Honor of Frank Moore Cross* (ed. Patrick D. Miller, Jr, *et al*; Philadelphia: Fortress Press, 1989, pp. 617-644).

[156] La historia de la interpretación de las relaciones entre los Testamentos se presenta en A. H. J. Gunneweg, *Understanding the Old Testament* (London: SCM Press, 1978).

el Nuevo supera la revelación del Antiguo, que se hace obsoleto con la llegada de Cristo, de Dios, en la historia.[157]

La división entre la ley y la gracia presupone que todo el Antiguo Testamento contiene la ley de Dios, y que en el Nuevo se manifiesta únicamente la gracia divina. La verdad es que los contenidos teológicos de los dos Testamentos no se pueden dividir tan fácilmente entre ley y gracia. El Antiguo Testamento contiene el recuento de las intervenciones divinas hacia el pueblo de Israel, que están llenas de manifestaciones de misericordia, gracia y amor. Por su parte, en el Nuevo Testamento se afirma que Jesús no vino a abolir la ley, sino a hacerla cumplir; y en la teología paulina, el tema de la ley (p. ej., en la Epístola a los Romanos) tiene un tratamiento preferencial.

Los acercamientos metodológicos de la historia de la salvación y de la tipología identifican porciones del Antiguo Testamento y la interpretan desde la perspectiva del Nuevo. En estos acercamientos, el Antiguo Testamento pierde su identidad real y se diluye su naturaleza particular e independiente, pues no se estudia en sus propios méritos teológicos y literarios, sino que se interpreta según las directrices, enseñanzas e interpretaciones que se generan del Nuevo. De esta forma, se impide que la voz de las Escrituras hebreas hable a la iglesia con independencia y libertad, pues se cierran las posibilidades hermenéuticas de las reflexiones cristianas.

Para estudiar y comprender adecuadamente la teología del Antiguo Testamento, en el entorno cristiano, se deben tomar en consideración las siguientes directrices metodológicas:[158]

1. Se debe reconocer que el Antiguo Testamento es una literatura extensa y compleja, que contiene

[157] Con esta interpretación se puede fácilmente llegar a la herejía de Marción, que rechazaba el uso del Antiguo Testamento en la iglesia.

[158] Seguimos aquí las recomendaciones de Brueggemann, *op. cit.*, pp. 731-733.

porciones y pasajes de diversos períodos históricos, de diferentes estilos literarios y de variadas tendencias teológicas. La narración del Antiguo Testamento, por ende, es polivalente, manifiesta más de un nivel de sentido. En sus textos se incluyen diversas perspectivas sobre temas similares, y la persona atenta a la teología que se incluye en estas Escrituras, debe tomar seriamente en consideración esa pluralidad de tendencias teológicas del texto bíblico, y aceptarlas como parte de las contribuciones y el legado del pueblo de Israel a la teología cristiana.

2. Esa naturaleza polivalente y pluralista del Antiguo Testamento genera e incentiva la interpretación teológica creativa. Estos textos bíblicos han sido interpretados y reinterpretados a través de la historia por las comunidades judías y cristianas para adaptarlos a las realidades cambiantes de la historia y la sociedad. Los pasajes bíblicos, vistos de esta perspectiva, requieren un esfuerzo continuo de actualización para continuar en la tradición de contextualización que el mismo texto sagrado revela, incentiva y demanda. Este esfuerzo teológico necesita la creatividad de la comunidad que lo interpreta.

3. La interpretación de la literatura bíblica no es la repetición de lo que anteriormente otros exégetas u otras generaciones de estudiosos han dicho o han pensado, sino el continuo esfuerzo de leer, revisar y actualizar los mensajes bíblicos para descubrir su relevancia para la sociedad actual. Más que la identificación de lo que el texto bíblico significó para el antiguo Israel,

nos interesa conocer la importancia de los pasajes y mensajes para la sociedad contemporánea.

4. La iglesia primitiva se dedicó a esta tarea de interpretación teológica, que se fundamenta en el reconocimiento de que el texto bíblico es polivalente, y que, además, es una empresa de construcción teológica donde la creatividad juega un papel protagónico. Ese esfuerzo de lectura sincera y cuidadosa del Antiguo Testamento, y también de creatividad teológica, llevó a los primeros creyentes en Cristo a relacionar las teologías veterotestamentarias con el ministerio de Jesús de Nazaret.

   Esa afirmación metodológica y teológica es un reconocimiento público que los intérpretes cristianos deben aceptar sin temores ni complejos de inferioridad. Los creyentes y académicos cristianos interpretan el Antiguo Testamento luego de comprender la importancia de las intervenciones de Jesús en la historia y luego de aceptar su señorío como el Cristo de Dios. No se debe llegar al Antiguo Testamento como estudiosos ingenuos que no reconocen sus posturas teológicas y metodológicas, sino como gente pensante que desea comprender las implicaciones pastorales, éticas, morales y espirituales del mensaje de los profetas, no solo como fueron predicadas por sus protagonistas iniciales, sino además como fueron interpretados por la comunidad cristiana a través de la historia.

5. La teología del Antiguo Testamento es el esfuerzo cristiano legítimo que se da a la tarea sistemática

de estudiar, analizar, articular, explicar, interpretar y hacer accesible a la iglesia el testimonio extenso, complejo y polivalente de la Biblia hebrea. Ese necesario y pertinente testimonio es requerido para apoyar efectivamente el ministerio de los creyentes en su esfuerzo para avanzar su trabajo misionero en favor de la implantación de la voluntad de Dios, según se expresó en el misterio de Jesús.

Esa voz teológica del Antiguo Testamento es muy importante para las iglesias, pues nos presenta las narraciones y los conceptos que sirvieron de base al ministerio de Jesús.

Esa tarea de creatividad teológica nos permite, además, afirmar los siguientes valores teológicos cristianos, que están en diálogo con la teología del Antiguo Testamento.

1. Nos movemos de la esperanza del mesías escatológico y apocalíptico al reconocimiento de «el Mesías» histórico cristiano, Jesús. En la iglesia no esperamos al mesías prometido, sino que adoramos al Mesías, al Cristo de Dios, que se hizo ser humano para darnos vida abundante (Mt. 16:16).

2. Afirmamos que la iglesia cristiana es «el Israel de Dios» en la actualidad. La iglesia, que sobrepasa los límites étnicos y lingüísticos, por la intervención del Espíritu Santo, se constituye en pueblo de Dios que ha heredado las promesas divinas del antiguo Israel (Gá. 6:16).

3. Celebramos la Cena del Señor con la certeza de que Dios estableció con nosotros un nuevo pacto. Este nuevo pacto, fundamentado en la sangre y el cuerpo del Señor —es decir, su sacrificio—, pone de manifiesto el cumplimiento de las antiguas profecías de Jeremías al pueblo de Israel (Jer. 31:27-34).

4. Superamos el cautiverio de una interpretación legalista de la ley de Moisés, al atemperarla a las realidades humanas, de acuerdo con la voluntad de Dios. La ley debe interpretarse a la luz de las necesidades de las personas y las comunidades, pues fue promulgada como un apoyo divino para el bienestar de la humanidad, no como una expresión adicional de cautiverio (Ro. 8:1-4).

5. Y aceptamos que «la Palabra», «el Verbo» o «la Sabiduría» se hizo carne en la vida de Jesús (Jn. 1:1).

Capítulo 8

BIBLIOGRAFÍA SELECTA

A continuación, presentamos una selección mínima de varias obras importantes en torno a la teología del Antiguo Testamento. Estos libros pueden ayudar al lector y a la lectora a profundizar en los temas expuestos en esta obra o identificar perspectivas alternas a las posturas que he asumido en estas reflexiones. No se incluyen, por razones de espacio y pertinencia teológica y literaria, todos los libros o artículos a los cuales se ha hecho referencia en las discusiones de los temas analizados en cada capítulo de esta obra.

Bibliografías más extensas sobre estos asuntos teológicos pueden encontrarse, p. ej., en los libros de Pagán, Childs y de Brueggemann. También he intentado incluir y destacar obras que han sido traducidas al castellano (aunque incorporo algunas en inglés por su importancia histórica y teológica), para beneficio de las personas que no dominan el idioma alemán, francés, portugués e italiano.

Albrecht Alt, «The God of the Fathers», Essays on Old Testament History and Religion. Sheffield: JSOY Press, 1989, pp. 1-77.

James Barr, The Semantics of Biblical Language. Oxford: Oxford University Press, 1961.

Walter Brueggemann, Theology of the Old Testament. Minneapolis: Fortress Press, 1997.

Brevard S. Childs, Biblical Theology in Crisis. Filadelfia: Westminster, 1970.

——, Old Testament Theology in Canonic Context. Filadelfia: Westminster Press, 1982.

——, Biblical Theology of the Old and New Testaments. Minneapolis: Fortress Press, 1992.

Walther Eichrodt, Teología del Antiguo Testamento, Vol. 1 y 2. Madrid: Ediciones Cristiandad, 1968.

Terence E. Fretheim, The Suffering of God: An Old Testament Perspective. Filadelfia: Fortress Press, 1984.

Edmund Jacob, Teología del Antiguo Testamento. Madrid: Ediciones Marova, 1969.

Ernest W. Nicholson, God and His People: Covenant and Theology in the Old Testament. Oxford: Claredon Press, 1998.

Samuel Pagán, Jesús de Nazaret. Barcelona: Editorial Clie, 2010.

——, Introducción a la Biblia hebrea. Barcelona: Editorial Clie, 2012.

——, Historia de Israel. Barcelona: Editorial Clie, 2019.

Xavier Pikaza, Dios judío, Dios cristiano. Navarra: Editorial Verbo Divino, 1996.

Rolf Rendtorff, Canon and Theology. Minneapolis: Fortress Press, 1993.

H. Graf Reventlow, Problems of Old Testament Theology in the Twentieth Century. London: SCM Press, 1985.

Christopher R. Seitz, Word Without End: The Old Testament As Abiding Theological Witness. Grand Rapids and Cambridge: W. B. Eerdmans, 1998.

Samuel Terrien, The Elusive Presence: Toward a New Biblical Theology. Nueva York: Harpers and Row, 1978.

Phyllis Trible, God and the Rhetoric of Sexuality. Filadelfia: Fortress, 1978.

——, Texts of Terror: Literary-Feminist Readings of Biblical Narratives. Filadelfia: Fortress Press, 1984.

P. van Imschoot, Teología del Antiguo Testamento. Madrid: Ediciones Fax, 1969.

Gerhard von Rad, Teología del Antiguo Testamento, Vol. 1 y 2. Salamanca: Sígueme, 1973.

G. Ernest Wrigth, God Who Acts: Biblical Theology As Recital. London: SCM Press, 1952.

Walther Zimmerli, Manual de teología del Antiguo Testamento. Madrid: Ediciones Cristiandad, 1980.